孔子学院总部/国家汉办
Confucius Institute Headquarters(Hanban)

MW00449406

标准教程
STANDARD COURSE

HSK

主编: 姜丽萍
LEAD AUTHOR: Jiang Liping

编者: 刘畅、鲁江
AUTHORS: Liu Chang, Lu Jiang

5 上

北京语言大学出版社
BEIJING LANGUAGE AND CULTURE
UNIVERSITY PRESS

序

　　2009年全新改版后的HSK考试，由过去以考核汉语知识水平为主，转为重点评价汉语学习者运用汉语进行交际的能力，不仅在考试理念上有了重大突破，而且很好地适应了各国汉语教学的实际，因此受到了普遍欢迎，其评价结果被广泛应用于汉语能力的认定并作为升学、就业的重要依据。

　　为进一步提升孔子学院汉语教学的水平和品牌，有必要建立一套循序渐进、简便易学、实用高效的汉语教材体系和课程体系。此次经国家汉办授权，由汉考国际（CTI）和北京语言大学出版社联合开发的《HSK标准教程》，将HSK真题作为基本素材，以**自然幽默的风格、亲切熟悉的话题、科学严谨的课程设计**，实现了与HSK考试内容、形式及等级水平的全方位对接，是一套充分体现考教结合、以考促学、以考促教理念的适用教材。很高兴把《HSK标准教程》推荐给各国孔子学院，相信也会对其他汉语教学机构和广大汉语学习者有所裨益。

　　感谢编写组同仁们勇于开拓的工作！

许　琳
孔子学院总部　总干事
中国国家汉办　主　任

前言

自2009年国家汉办推出了新汉语水平考试（HSK）以来，HSK考生急剧增多。至2013年底，全球新HSK实考人数突破80万人。随着汉语国际教育学科的不断壮大、海外孔子学院的不断增加，可以预计未来参加HSK考试的人员会越来越多。面对这样一个庞大的群体，如何引导他们有效地学习汉语，使他们在学习的过程中既能全方位地提高汉语综合运用能力，又能在HSK考试中取得理想成绩，一直是我们思考和研究的问题。编写一套以HSK大纲为纲，体现"考教结合""以考促教""以考促学"特点的新型汉语系列教材应当可以满足这一需求。在国家汉办考试处和北京语言大学出版社的指导下，我们结合多年的双语教学经验和对汉语水平考试的研究心得，研发了这套考教结合的新型系列教材《HSK标准教程》系列（以下简称"教程"）。

一、编写理念

进入21世纪，第二语言教学的理念已经进入后方法时代，以人为本，强调小组学习、合作学习，交际法、任务型语言教学、主题式教学成为教学的主流，培养学习者的语言综合运用能力成为教学的总目标。在这样一些理念的指导下，"教程"在编写过程中体现了以下特点：

1. 以学生为中心，注重培养学生的听说读写综合运用能力

"考教结合"的前提是为学生的考试服务，但是仅仅为了考试，就会走到应试的路子上去，这不是我们编教的初衷。如何在为考试服务的前提下重点提高学生的语言能力，是我们一直在探索的问题，也是本套教材的特色之一。以HSK一、二级为例，这两级的考试只涉及听力和阅读，不涉及说和写，但是在教材中我们从一级开始就进行有针对性的语音和汉字的学习和练习，并且吸收听说法和认知法的长处，课文以"情景＋对话＋图片"为主，训练学生的听说技能。练习册重点训练学生的听力、阅读和书写的技能，综合起来培养学生的听说读写能力。

2. 融入交际法和任务型语言教学的核心理念

交际法强调语言表达的得体性和语境的作用，任务型语言教学强调语言的真实性和在完成一系列任务的过程中学习语言，两种教学法都强调语言的真实和情境的设置，以及在交际过程中培养学生的语言能力。HSK考试不是以哪一本教材为依据进行的成绩测试，而是依据汉语水平考试大纲而制定的，是考查学习者语言能力的能力测试。基于这样的认识，"教程"编写就不能像以往教材那样，以语言点为核心进行举一反三式的重复和训练，这样就不能应对考试涉及的方方面面的内容，因此我们在保证词语和语法点不超纲的前提下，采取变换情境的方式，让学习者体会在不同情境下语言的真实运用，在模拟和真实体验中学习汉语。

3．体现了主题式教学的理念

主题式教学是以内容为载体、以文本的内涵为主体所进行的一种语言教学活动，它强调内容的多样性和丰富性，一般来说，一个主题确定后，通过接触和这个主题相关的多个方面的学习内容，加速学生对新内容的内化和理解，进而深入探究，培养学生的创造能力。"教程"为了联系学生的实际，开阔学生的视野，从四级分册开始以主题引领，每个主题下又分为若干小主题，主题之间相互联系形成有机的知识网络，使之牢固地镶嵌在学生的记忆深处，不易遗忘。

二、"教程"的特色

1．以汉语水平考试大纲为依据，逐级编写"教程"

汉语水平考试（HSK）共分六个等级，"教程"编教人员仔细研读了"大纲"和出题指南，并对大量真题进行了统计、分析。根据真题统计结果归纳出每册的重点、难点、语言点、话题、功能、场景等，在遵循HSK大纲词汇要求的前提下，系统设计了各级别的范围、课时等，具体安排如下：

教材分册	教学目标	词汇量（词）	教学时数（学时）
教程1	HSK（一级）	150	30–45
教程2	HSK（二级）	300	30–45
教程3	HSK（三级）	600	60–80
教程4（上/下）	HSK（四级）	1200	80–120
教程5（上/下）	HSK（五级）	2500	160–240
教程6（上/下）	HSK（六级）	5000 及以上	240–320
总计：9册		5000 以上	600–850

这种设计遵循汉语国际教育的理念，注重教材的普适性、应用性和实用性，海内外教学机构可根据学时建议来设计每册书完成的时限。比如，一级的"教程1"规定用34学时完成，如果是来华生，周课时是8课时的话，大概一个月左右就能学完；在海外如果一周是4课时的话，学完就需要两个月的时间。以此类推。一般来说，学完"教程1"就能通过一级考试，同样学完"教程2"就能通过二级考试，等等。

2．每册教材配有练习册，其练习形式与HSK题型吻合

为了使学习者适应HSK的考试题型，教材的各级练习册设计的练习题型均与该级别的HSK考试题型吻合，从练习的顺序到练习的结构等都与考题试卷保持一致，练习的内容以本课的内容为主，目的是使学习者学完教材就能适应HSK考试，不需额外熟悉考试形式。

3. 单独设置交际练习，紧密结合HSK口试内容

在HSK考试中，口试独立于笔试之外。为了培养学生的口语表达能力，在"教程"中，每一课都提供交际练习，包括双人活动和小组活动等，为学习者参加各级口试提供保障。

本套"教程"在策划和研发过程中得到了孔子学院总部/国家汉办、北京语言大学出版社和汉考国际（CTI）的大力支持和指导，是全体编者与出版社总编、编辑和汉办考试处、汉考国际命题研发人员集体智慧的结晶。本人代表编写组对以上机构和各位参与者表示衷心的感谢！我们希望使用本教程的师生，能够毫无保留地把使用的意见和建议反馈给我们，以便进一步完善，使其成为教师好教、学生好学、教学好用的好教程。

姜丽萍

本册说明

　　《HSK标准教程5》适合学习超过200学时，大致掌握新HSK一至四级大纲所包含的1200个词语，准备参加HSK（五级）考试的汉语学习者使用。

　　一、全书分为上、下册，共36课，12个单元，教材涵盖HSK（五级）大纲中包含的1300个新增词语和部分超纲词（教材中用"*"标注）。每课建议授课时间为4~6学时。

　　二、本教材基本继承了《HSK标准教程》前四级的编写思路和体例，在难度、深度和广度上加以延伸，同时根据HSK（五级）考试特点进行了相应设计调整。

　　三、教程每课均分为六大版块：热身、课文（含生词）、注释（含"词语例释"、"词语搭配"及"词语辨析"）、练习、扩展、运用。

　　1.热身。热身环节旨在调动学习者的学习热情和兴趣，为新课的教学做好引入和铺垫。每课热身由两部分构成，形式从以下四种中选择两种：A.使用综合性图片导入本课部分生词；B.回顾与本课部分生词相关的已学同类生词；C.使用图片导入本课提到的著名人物或事件等；D.进行与本课内容相关的小讨论或小调查。热身的设计都遵循相关性、综合性、趣味性、可操作性的原则，教师可要求学习者提前预习，或在正课开始前花少量时间引导学习者进行预热。

　　2.课文。所有课文选材均根据HSK（五级）真题语料统计确定。每单元有一个共同主题，每个主题包括三课，分别涉及这一主题的三个不同侧面。主题的分配充分考虑其在真题中所占的比例，占比例较大者，如人生哲理、社会问题等，在上下两册中分别安排一个或多个单元，但在体裁、篇幅、难度上加以区别；占比例较小者，如历史地理、艺术体育等话题，则将相关内容综合为一个单元，并仅在一册中出现。

　　HSK（五级）真题语料70%以上都是语段、语篇。根据这一特点，本级教程每课选取了一篇真实语料，改编为适合教学的短文作为课文。上册每篇课文560~670字，下册每篇课文560~800字，课文以叙述、议论为主，兼及描写、说明，便于学习者掌握多种风格的文体。

　　3.注释。与HSK词汇考查"以词本位为主，兼顾字本位"的特点相适应，与前四级相比，本教程的注释部分更偏重于词汇的教学。每课的注释包括三个部分，分别是"词语例释"、"词语搭配"和"词语辨析"。其中"词语例释"选取2~4个重点虚词、结构或多义项、多用法的实词进行讲解，并分别提供3个以上来自于课文、真题或其他语料的例句，从易到难排列；每个语言点后配有3个即时操练题。"词语搭配"分类列举本课重点词语与其他词语的搭配关系。"词语辨析"比较一对易混淆词语的异同，并配有4个即时操练题。

　　4.练习。练习在每课注释之后，综合操练本课新学的重点词语和课文。练习采用比较直观的方式，包括选词填空、选择正确答案、给括号里的词选择适当的位置、搭配连线、根据提示词复述课文内容等。这个环节教师可以灵活安排，既可在注释讲练之后进行，也可在本课小结时用来检测学习者的学习情况，部分还可留作课后作业，主要目的是巩固和检查学习者对当课主要内容和重点词语的掌握程度。

5.扩展。扩展环节以意义类聚为标准，从五级新增1300词中选取了部分词语，分类汇总。每课扩展版块列举其中1~2类，含7~15个词语。词语的分类在考虑词义关联度的同时，兼顾义类与本课课文或生词的联系。每课配4个练习题，旨在帮助学习者集中、全面地了解一些词语的意义，这有助于学习者运用某类词汇进行相关话题的表达，同时也保证了教程中五级词汇的全面覆盖。

6.运用。运用环节主要针对HSK（五级）的标准和测试题型，重点训练学习者成段表达的能力，每课提供一个与本课主题或内容相关的讨论/写作话题，学习者可以先通过背景分析了解相关知识、文化常识等，然后根据具体要求，进行讨论或写作。

以上是对本教程使用方法的一些说明和建议，教师可以根据实际情况灵活使用本教材。希望本教程科学严谨、有针对性的设计可以帮助学习者顺利、轻松、高效地达成目标，实现从初级汉语到中级汉语跨越式的提升，有效地提高汉语水平与应试能力。

本教材中的部分选文来源于报纸、网络等多种媒体，由于时间、地域、联系渠道等多方面的限制，部分选文使用前未能与所有权人一一取得联系，同时因教学需要，我们对作品进行了必要的修改、调整。对此，我们深表歉意，并衷心希望得到权利人的理解和支持。另外，有些作品由于无法了解作者信息而未署作者的姓名，也恳请权利人谅解。

编者
2014年11月

目录 Contents

词语例释	词语辨析	扩展
如何；靠；居然	如何—怎么	人体
以来；临；立刻	悄悄—偷偷	亲属称谓；交往
包括；各自；勿；时刻	舒适—舒服	天气；生产1
至今；顶；……得+不行；反而	满足—满意	社交称谓
从而；于；为（wéi）；起来	美丽—优美	文学
替；说不定；似的；纷纷	打听—询问	旅游；节日
瞎；分别；根；便	忽然—突然	语言文字
倒；……来……去；要不	彼此—互相	饮食1
算；作为；曾经	亲自—自己	社会
毕竟；逐渐；或许	显示—显得	服饰
来/过来；所；相当；数	持续—继续	家居1
以及；程度	发达—发展	电脑网络

词语例释	词语辨析	扩展
何况；何必；多亏	激烈—强烈	体育
所谓；则；为……所……；起	通常—常常	建筑
过；迟早；再三	胜利—成功	军事
即；个别；非	临时—暂时	医务1
以；平常；宁可	忽视—轻视	医务2
极其；其余；可见	目前—现在	影视艺术

了解生活

Understanding Life

1 爱的细节

Details of Love

1 你知道人体各个部位用汉语怎么说吗？请试着为下图这些部位填上中文名称。

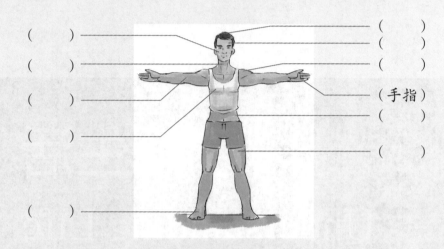

（ 　 ）   （ 　 ）
（ 　 ）   （ 　 ）
（ 　 ）   （ 　 ）
（ 　 ）   （手指）
（ 　 ）   （ 　 ）
（ 　 ）

2 你知道哪些与说话或口部动作有关的动词？请写在下面的横线上，并说说它们是什么意思。

本课生词中的：抱怨 ＿＿＿ ＿＿＿ ＿＿＿
其他你知道的：＿＿＿ ＿＿＿ ＿＿＿

课文
Text

爱的细节 （662字） 🔲 01-1

电台要选出一对最恩爱的夫妻。对比后，有三对夫妻入围。

评委叫第一对夫妻说说他俩是如何恩爱的。妻子说，前几年她全身瘫痪了，医生说她站起来的可能性很小。别人都觉得她的丈夫会跟她离婚，她也想过要自杀。但丈夫一直鼓励她，为她不

生词 🔲 01-2

1. 细节 　xìjié 　n. detail
2. 电台 　diàntái 　n. radio station
*3. 恩爱 　ēn'ài
　　　adj. (of husband and wife) loving
4. 对比 　duìbǐ
　　　v. to compare, to contrast
*5. 入围 　rùwéi 　v. to be shortlisted
*6. 评委 　píngwěi
　　　n. judge, member of a judging panel
7. 如何 　rúhé 　pron. how
*8. 瘫痪 　tānhuàn 　v. to be paralyzed
9. 离婚 　lí hūn 　v. to divorce
10. 自杀 　zìshā 　v. to commit suicide

知找了多少家医院，并且几年如一日地照顾她，从不抱怨。在丈夫的爱护和努力下，她终于又站了起来。她的故事十分感人，评委们听了都很感动。

随后进来的是第二对夫妻，他俩说，十几年的婚姻生活中，他们从来没为任何事红过脸、吵过架，一直相亲相爱、相敬如宾。评委们听了暗暗点头。

轮到第三对夫妻了，却很长时间不见人。评委们等得有些不耐烦，就走出来看个究竟。只见第三对夫妻仍然坐在门口，男人的头靠在女人的肩膀上，睡着了。一个评委要上前喊醒那个男的，女的却伸出手指做了个小声的动作，然后小心地从包里拿出纸笔，用左手歪歪扭扭写下一行字递给评委，而她的右肩一直让丈夫的脑袋靠着。评委们看那纸条上面写着：别出声，他昨晚没睡好。一个评委提起笔在后面续写了一句话：但是女士，我们得听你们夫妻俩的叙述啊！女人又写：那我们就不参加了。

大家很吃惊，这个女人为了不影响丈夫睡觉，居然放弃这次机会！但评委们还是决定先不催他们，而是再等待一段时间。

过了一会儿，男人醒了。评委们问他怎么那么累。男人不好意思地笑笑说："我家住一楼，蚊子多。昨晚半夜我被蚊子叮醒了，我怕我老婆再被吵醒，所以后半夜就在为她赶蚊子。"

11.	抱怨	bàoyuàn	v. to complain
12.	爱护	àihù	v. to take good care of
13.	婚姻	hūnyīn	n. marriage
14.	吵架	chǎo jià	v. to quarrel
*15.	相敬如宾	xiāngjìng-rúbīn	(of husband and wife) to respect each other like guests
16.	暗暗	àn'àn	adv. secretly, to oneself
17.	轮	lún	v. to take turns
18.	不耐烦	bú nàifán	impatient
19.	靠	kào	v. to lean against
20.	肩膀	jiānbǎng	n. shoulder
21.	喊	hǎn	v. to shout, to call
22.	伸	shēn	v. to stretch, to extend
23.	手指	shǒuzhǐ	n. finger
*24.	歪歪扭扭	wāiwāiniǔniǔ	adj. crooked, askew
25.	递	dì	v. to hand over, to pass
26.	脑袋	nǎodai	n. head
27.	女士	nǚshì	n. lady, madam
28.	叙述	xùshù	v. to narrate
29.	居然	jūrán	adv. *indicating unexpectedness*
30.	催	cuī	v. to urge, to push
31.	等待	děngdài	v. to wait
*32.	蚊子	wénzi	n. mosquito
33.	半夜	bànyè	n. midnight
*34.	叮	dīng	v. to bite, to sting
35.	老婆	lǎopo	n. wife
36.	吵	chǎo	v./adj. to make a noise; noisy

最后的结果是，电台增加了两项奖项，将第一对夫妻评为"患难与共夫妻"，将第二对夫妻评为"相敬如宾夫妻"，而真正的"最恩爱夫妻"奖，却给了第三对夫妻。

37. 项　　xiàng
　　　　 m. used for itemized things
*38. 患难与共　huànnàn-yǔgòng
　　　　 to share weal and woe

───────

改编自《今日文摘》

注释（一）词语例释
Notes **1** 如何

"如何"，代词，用来询问方式。例如：

（1）我们明天举行会议，讨论这个问题该如何解决。

（2）评委叫第一对夫妻说说他俩是如何恩爱的。

"如何"也常用于句末，用来征求意见或询问状况。例如：

（3）我们希望由你来负责解决这个问题，如何？

（4）"80后"们月收入情况如何？

● **练一练**：完成句子或对话

（1）请你说一说，＿＿＿＿＿＿＿＿＿＿＿＿＿。　（如何）

（2）A:＿＿＿＿＿＿＿＿＿＿＿＿＿＿＿？　（如何）

　　 B: 他们相敬如宾，关系很好。

（3）A: 你能不能简单地叙述一下那部电影的内容？

　　 B:＿＿＿＿＿＿＿＿＿＿＿＿＿＿。　（如何）

2 靠

"靠"，动词，常见格式为"靠着/在……"，把身体的部分重量让别人或物体支撑。例如：

（1）王老师喜欢靠着桌子讲课。

（2）……男人的头靠在女人的肩膀上，睡着了。

"靠"，也表示依靠，得益于。例如：

（3）"在家靠父母，出门靠朋友"，有什么事情我能帮忙的，你们尽管开口。

（4）没有一个人可以完全不靠别人而生活。

"靠"，还表示接近。例如：

（5）我的座位是17号，是靠窗的座位。

（6）以后我一定要买一个靠海的房子，这样我每天都能听到大海的声音。

● 练一练：完成句子或对话

（1）快要到站了，你别＿＿＿＿＿＿＿＿＿＿＿，不安全。　（靠）

（2）A: 下个星期的考试，你需要我帮忙吗？

　　　B: ＿＿＿＿＿＿＿＿＿＿＿＿＿＿＿＿＿。　（靠）

（3）A: 您好，请给我登机牌。

　　　B: 好的，＿＿＿＿＿＿＿＿＿＿＿＿＿＿＿？　（靠）

3 居然

"居然"，副词，表示没想到、出乎意料。例如：

（1）这么简单的题，你居然也不会做？上课时都干什么去了？

（2）没想到居然在这儿碰到你！你也去上海？

（3）……这个女人为了不影响丈夫睡觉，居然放弃这次机会！

● 练一练：完成句子或对话

（1）我快被气死了！＿＿＿＿＿＿＿＿＿＿＿。　（居然）

（2）A: 你听说了吗？小王和小李离婚了！

　　　B: ＿＿＿＿＿＿＿＿＿＿＿＿＿＿。　（居然）

（3）A: ＿＿＿＿＿＿＿＿＿＿＿＿＿＿。　（居然）

　　　B: 是啊，比赛之前我以为他肯定会赢呢。

（二）词语搭配

动词	+	宾语
抱怨		别人/妻子/餐厅的菜不好吃
爱护		环境/花草树木/公物/学生
定语	+	中心语
电影（的）/小说（的）/生活（的）		细节
电台（的）		记者/广播/新闻

状语	+	中心语
简单（地）/详细（地）		对比
大声（地）/兴奋地/对他		喊
中心语	+	补语
伸		出（来）/进（去）/开……/到……
吵		醒/死了
数量词	+	名词
一项		运动/工作/任务/计划/技术/研究/调查/奖项

（三）词语辨析

■ 如何—怎么

	如何	怎么
共同点	都是代词，都可用于询问方式。	
	如：只有知道如何/怎么停止的人，才知道如何/怎么高速前进。	
不同点	1. 多用于书面语。	1. 可用于口语。
	如：该如何爱护我们的地球？	如：你今天是怎么来的？
	2. 不能用于询问原因。	2. 可用于询问原因。
		如：今天怎么这么冷？
	3. 可用于句末表示询问状况或征求意见。	3. 可用于句首表示惊讶。
	如：最近身体如何？	如：怎么，你不认识我了？！

● **做一做**：选词填空

	如何	怎么
（1）他向经理叙述了自己是_____解决这个问题的。	✓	✓
（2）你_____这么不耐烦？		
（3）谁知道他们是_____吵起来的？		
（4）听说你去电台工作了？情况_____？		

练习 Exercises

1 选择合适的词语填空

催　递　喊　项　爱护　抱怨　等待

① 她从小就＿＿＿＿＿＿小动物。

② 关于这段对话，下面哪＿＿＿＿＿＿是正确的？

③ 请大家耐心地＿＿＿＿＿＿一会儿，不要＿＿＿＿＿＿他。

④ 请把那本杂志＿＿＿＿＿＿给我。

⑤ 火车快到的时候你＿＿＿＿＿＿我一声。

⑥ 不要总是＿＿＿＿＿＿别人，要想想能不能改变自己。

2 选择正确答案

① 你的病都好了吗？现在感觉＿＿＿＿＿＿？　　　　　　（A. 如何　　B. 怎么）

② 电视里广告太多让观众感到很不＿＿＿＿＿＿。　　　　（A. 耐心　　B. 耐烦）

③ 这儿太＿＿＿＿＿＿了，我们换个地方吧。　　　　　　（A. 吵　　　B. 吵架）

④ 他这么年轻，没想到＿＿＿＿＿＿是一位著名的作家。（A. 居然　　B. 仍然）

3 给括号里的词选择适当的位置

① 如果A是你B，你会C选择D呢？　　　　　　　　　　　　　　（如何）

② 你跟A你的同屋B吵C架D吗？　　　　　　　　　　　　　　　　（过）

③ A机会是要B自己努力C去D获得的。　　　　　　　　　　　　　（靠）

④ 请不要A把头B到车窗外C去D。　　　　　　　　　　　　　　　（伸）

4 根据下面的提示词复述课文内容

内容提示	重点词语	课文复述
第一对夫妻	离婚、自杀、抱怨、爱护	
第二对夫妻	婚姻、吵架、暗暗	
第三对夫妻	不耐烦、靠、喊、伸、催、等待、半夜、吵	

扩展
Expansion

话题	HSK（五级）话题分类词语
人体	脑袋（nǎodai）、脖子（bózi）、肩膀（jiānbǎng）、胸（xiōng）、腰（yāo）、后背（hòubèi）、手指（shǒuzhǐ）、眉毛（méimao）、嗓子（sǎngzi）、牙齿（yáchǐ）

● **做一做**：从上表中选择合适的词语填空

（1）你的_____好像一边高一边低，我建议你去买个双肩包。

（2）早上起来，伸个懒_____，真舒服！

（3）他长着两条又黑又粗的_____，一双大大的眼睛。

（4）讲了一天的课，老师的_____都疼了。

运用
Application

背景分析：

在这个世界上，人和人之间会有各种各样的关系，比如同学关系、同事关系、邻居关系等，而人际关系中最亲密的一种关系，应该是夫妻关系了。无论是中国人还是外国人，都很重视自己的婚姻。有人认为夫妻之间最重要的是恩爱，有人说是诚实，也有人说是关爱和理解。相信你对课文中讲的三对夫妻的故事也会有自己的看法。

话题讨论：理想的夫妻关系是什么样的？

1. 本文提到的三对夫妻中，哪对夫妻给你留下的印象最深？

2. 这对夫妻的什么地方让你感动？为什么？

3. 你认为理想的夫妻关系应该是什么样的？

命题写作：

请以"理想的夫妻关系"为题写一段话。尽量用上本课所学的生词，字数不少于100字。

2 留串钥匙给父母
Leaving a Bunch of Keys to Our Parents

热身 **1**
Warm-up

你了解汉语中表示亲戚关系的词语吗？请试着为下边的关系树填上合适的称呼。

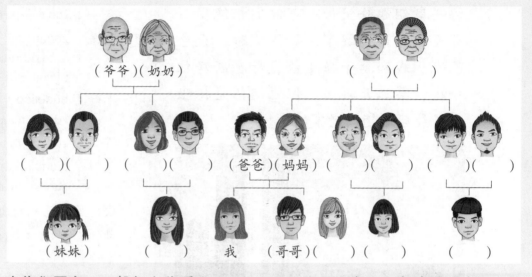

（爷爷）（奶奶）　　　　　　　　（　　）（　　）

（　　）（　　）　（　　）（　　）　（爸爸）（妈妈）　（　　）（　　）　（　　）（　　）

（妹妹）　（　　）　我　（哥哥）（　　）（　　）　（　　）

2 在你们国家，一般怎么称呼（chēnghu, to address）家人和亲戚？跟中国人的称呼有什么不同？

课文
Text

留串钥匙给父母 （593字）💿 *02-1*

　　父母一辈子住在农村老家，对老屋的感情，就像没断奶的孩子对母亲一样。因此长年以来，父母很少离开老屋，尽管姥姥、舅舅和姑姑都在城里，父母也坚决不在城里住。

生词 💿 *02-2*

*1. 串　　chuàn　m. bunch, string
2. 一辈子　yíbèizi　n. all one's life
3. 农村　nóngcūn　n. countryside
4. 屋（子）wū (zi)　n. house
5. 断　　duàn　v. to cut off, to stop
6. 以来　yǐlái　n. since
7. 姥姥　lǎolao　n. maternal grandma
8. 舅舅　jiùjiu
　　n. uncle, mother's brother
9. 姑姑　gūgu　n. aunt, father's sister
10. 坚决　jiānjué
　　adj. resolute, determined

9

去年，在我和妻子的努力下，我们终于用打工挣的钱，在县里买了一套新房。新房装修完，父母第一次走进新房时，高兴得不得了。妻子提出留一串钥匙给父母，可他们拒绝了。那天，父亲喝醉了，等他醒时，天色已晚。我和妻子强烈留父母在新房住一夜，第二天再回，但他们仍坚持坐上了最后一趟回老家的车。

一段时间后，我和妻子又准备去外地打工，新房只能上锁空着。临走那天，父亲从老家赶来送我们。父亲悄悄把我拉到一边说："你妈说了，你还是留一串新房的钥匙给我们，要是我和你妈什么时候想来了，就来住上几天，顺便给你们晒晒被子，打扫打扫卫生。"父亲说这话时，轻声细语，还红着脸，像个害羞的孩子。

转眼又是半年，我们回家时是一个深冬的夜里。下了长途车，儿子被冻得大哭。我和妻子想象着打开家门满是灰尘、冷冷清清的景象，觉得心里发寒。来到楼下，抬头一看，却发现自家亮着灯光。上了楼，开门的竟是微笑着的父母，温暖的气息立刻扑面而来：室内打扫得干干净净，暖气

11.	打工	dǎ gōng
		v. to work for others, to do a temporary job
12.	挣	zhèng　v. to earn
13.	县	xiàn　n. county
14.	套	tào　m. set, suite
15.	装修	zhuāngxiū
		v. to decorate (a house, room, etc.)
16.	不得了	bùdéliǎo
		adj. extreme, exceeding
17.	醉	zuì　v. to be drunk
18.	强烈	qiángliè
		adj. strong and vehement
19.	夜	yè　n. night
20.	锁	suǒ　n./v. lock; to lock up
21.	临	lín
		prep. about to, just before
22.	悄悄	qiāoqiāo
		adv. quietly, secretly
23.	晒	shài　v. to dry in the sun
24.	被子	bèizi　n. quilt
25.	长途	chángtú　adj. long-distance
26.	冻	dòng
		v. to freeze, to feel very cold
27.	想象	xiǎngxiàng　v. to imagine
28.	灰尘	huīchén　n. dust, dirt
29.	亮	liàng
		adj./v. bright; to shine
30.	微笑	wēixiào
		v./n. to smile; smile
31.	温暖	wēnnuǎn
		adj./v. warm; to make sb./sth. warm
32.	立刻	lìkè
		adv. at once, immediately
*33.	扑	pū
		v. to pounce on, to dash at

开着，水已温热，卧室床上的被子已铺好，厨房里飘来阵阵饭菜香⋯⋯

父亲说："你妈昨天接到电话，知道你们今晚回来，今天来新房忙了一天了。"原来父母要我留下串钥匙，只是为了让我们回来时，能立刻感受到家的温暖！我鼻子一酸，流下了热泪⋯⋯

改编自《中国电视报》，作者：陈程

34. 卧室	wòshì	n. bedroom
*35. 铺	pū	v. to spread, to unfold
36. 飘	piāo	v. to float (in the air), to waft
37. 阵	zhèn	m. *used for a short period or spell of an occurrence or action*
38. 感受	gǎnshòu	v./n. to feel; feeling
39. 流泪	liú lèi	v. to shed tears

注释（一）词语例释
Notes 1 以来

名词，"⋯⋯以来"表示从过去某时到现在的一段时间。例如：

（1）改革开放以来，中国发生了巨大的变化。

（2）因此长年以来，父母很少离开老屋⋯⋯

（3）一直以来，"80后"这个词儿都含有年轻的味道。

● 练一练：完成句子或对话

（1）到中国以来，＿＿＿＿＿＿＿＿＿＿＿＿＿＿＿＿＿＿＿＿。

（2）A: 他们夫妻俩的关系怎么样？

　　B: ＿＿＿＿＿＿＿＿＿＿＿＿＿＿＿＿＿＿。（以来）

（3）A: 最近这几年空气污染比较严重。

　　B: ＿＿＿＿＿＿＿＿＿＿＿＿＿＿＿＿＿＿。（以来）

2 临

"临"，动词，表示靠近、对着。例如：

（1）我想买一套不临街的房子，这样不会太吵。

（2）临江新修了一条路，晚饭后很多人都去那儿散步。

"临"，也可以做介词，"临⋯⋯（时/前）"表示快到某一行为发生的时间。例如：

（3）这是我临离开北京的时候买的。

（4）临走那天，父亲从老家赶来送我们。

● 练一练：完成对话

（1）A: 你觉得这套房子怎么样？

B: _____。（临）

（2）A: 你一个人来中国，你的爸爸妈妈放心吗？

B: _____。（临）

（3）A: 你卧室里的新被子真漂亮，哪儿买的？

B: _____。（临）

3 立刻

"立刻"，副词，"立刻 + 动词"表示马上，强调一个动作紧接着前一个动作发生。例如：

（1）上了楼，开门的竟是微笑着的父母，温暖的气息立刻扑面而来……

（2）原来父母要我留下串钥匙，只是为了让我们回来时，能立刻感受到家的温暖！

（3）那两只羊一见到青草，就立刻去吃草了，哪还有心思打架呢？

● 练一练：完成句子或对话

（1）一下课，_____。（立刻）

（2）我快被气死了！_____。（立刻）

（3）A: 你能帮我通知他这件事吗？

B: _____。（立刻）

（二）词语搭配

动词	+	宾语
断		水/电/联系
晒		被子/衣服/太阳
定语	**+**	**中心语**
强烈的		阳光/感情/对比
长途		旅行/汽车/电话
状语	**+**	**中心语**
一辈子		住在农村/没出国
坚决		反对/改正（gǎizhèng, to rectify）

中心语	+	补语
打/挣（zhèng，to struggle, to get free）/摔（shuāi，to fall）		断
热得/累得/急得/兴奋得/热闹得		不得了
数量词	+	名词
一套		房子/家具/餐具/邮票/西服
一阵		风/雨/歌声/香味

（三）词语辨析

■ 悄悄—偷偷（tōutōu，covertly）

	悄悄	偷偷
共同点	都是副词，都有做事不让人发现的意思。	
	如：他悄悄/偷偷地走了出去。	
不同点	强调声音很小。	强调行为不愿被人知道。
	如：父亲悄悄把我拉到一边说话。	如：他谁也没告诉，偷偷去旅行了。

● **做一做**：选词填空

	悄悄	偷偷
（1）晚饭前姑姑就一个人_____地走了。	✓	✓
（2）考试已经开始了，他才_____走进来。		
（3）孩子睡着了，爸爸在妈妈耳边_____说了几句话。		
（4）别人都不知道，她只是_____地把这件事告诉了我。		

练习 1　选择合适的词语填空
Exercises

断　套　锁　挣　长途　打工　强烈　想象

❶ 你觉得我穿这_____西服去电视台参加节目怎么样？

❷ 我不能_____她喝醉了会是什么样子。

❸ 国际_____电话很贵，现在我们一般上网聊天儿。

④ 因为同学们_____要求，我们决定这个周末出去活动。

⑤ 房门被反_____上了，他从窗户里跳出来，把腿摔_____了。

⑥ 暑假的时候我想去_____两个月_____，_____点儿钱。

2 选择正确答案

① 他的态度很_____，恐怕不会改变主意了。 （A. 坚决　　B. 坚持）

② 只有一个星期了，春节_____就要到了。 （A. 立刻　　B. 马上）

③ 最近气温太低，河里的水都被_____住了。 （A. 冻　　　B. 冷）

④ 女服务员给了我一个_____的微笑。 （A. 暖和　　B. 温暖）

3 给括号里的词选择适当的位置

① 虽然她全身A瘫痪了，但B我会照顾C她D。 （一辈子）

② A了，他们俩B大吵C了一架D！ （不得了）

③ 他A病了，B老师和同学们C把他D送进了医院。 （立刻）

④ A花园里B飘来C花D香。 （一阵）

4 根据下面的提示词复述课文内容

内容提示	重点词语	课文复述
父母的习惯	一辈子、以来、坚决	
小夫妻的新房	打工、装修、不得了、醉、强烈	
去打工之前	锁、临、悄悄、被子	
去打工之后	长途、想象、亮、微笑、温暖、立刻、流泪	

话题	HSK（五级）话题分类词语
亲属 称谓	外公（wàigōng）、姥姥（lǎolao）、姑姑（gūgu）、舅舅（jiùjiu）、老婆（lǎopo）、太太（tàitai）、兄弟（xiōngdi）
交往1	小气（xiǎoqi）、周到（zhōudào）、坦率（tǎnshuài）

扩展
Expansion

● **做一做**：从上表中选择合适的词语填空

（1）妈妈说她哥哥明天会从老家来，我还从来没见过这个_____呢。

（2）_____地说，我觉得你不应该这么做。

（3）你怎么这么_____啊？好朋友借点儿钱都不愿意。

（4）这次来北京参加会议，你们照顾得非常_____，非常感谢！

运用
Application

背景分析：

　　人们常说，父母对子女的爱是无私（wúsī, selfless）的、伟大（wěidà, great）的。父母对孩子的关心和照顾，不只是在孩子小的时候。即使孩子已经长大、自己已经变老，父母们也会继续为子女付出很多，只不过，爱的方式（fāngshì, way, manner）和以前不同了。

话题讨论：父母对子女的爱——最无私的爱

1. 你同意"父母对子女的爱是无私和伟大的"这种说法吗？

2. 你觉得课文中的这对父母一开始拒绝接受孩子新房钥匙的原因是什么？

3. 请说说你记得最清楚的父母关心你、爱你的一件事。

命题写作：

　　请以"最深的爱"为题写一段话，谈谈你对课文中父母的表现有什么看法，并说说你和自己父母亲的关系。尽量用上本课所学的生词，字数不少于100字。

3 人生有选择，一切可改变
Having Choices in Life Makes Change Possible

请说说下列图标各代表什么样的天气现象。

（　）　　　　　（多云）　　　　　（　）

（　）　　　　　（　）　　　　　（　）

（1）阴	（2）晴	（3）多云
（4）雨后彩虹	（5）雷阵雨	（6）雨转晴

2　你喜欢旅行吗？你喜欢什么样的旅行方式？不同的旅行方式你会选择什么交通工具？

课文　人生有选择，一切可改变　（648字）　🔘 03-1
Text

　　翟峰和妻子都是铁路工人，工作稳定，待遇不错。他们有房有车，从不用为生活发愁。可翟峰却不想一辈子过这样平静的生活。通过电视，翟峰迷上

生词　🔘 03-2

1. 人生　rénshēng　n. life
2. 工人　gōngrén　n. worker
3. 稳定　wěndìng　adj. stable
4. 待遇　dàiyù　n. pay and perks
5. 发愁　fā chóu　v. to worry
6. 平静　píngjìng　adj. quiet, peaceful

了帆船，他觉得帆船能带他撞开"世界之门"：只要有一艘船，就能航行在无边无际的海上，到任何自己想去的地方。

由于翟峰和妻子没有积蓄，于是卖房卖车，买下了一艘二手船，翟峰叫它"彩虹号"。出发前，翟峰自学了航海知识。然而，包括翟峰的父母，所有人都觉得，翟峰"疯了"。

2012年11月24日，辞了职的翟峰和妻子带着休学的女儿，第一次驾驶帆船出海了。白天，翟峰和妻子轮流驾船。女儿在船上看书、学习、画画儿。下午海面平静时，翟峰会和妻子下海游泳或者钓鱼。该吃饭时，妻子会给全家人做一顿美味的海鲜。

傍晚是一家人最舒适的时候。干完活儿，一家人坐在一起，用电脑看看电影，或者聊聊天儿。这样的生活，是翟峰盼望已久的。以前陆地上的夜晚，他们在各自的房间，一家人没有更多的交流。

中国有句老话：可上山，勿下海。美好的时刻过去后是一个个紧张的夜晚。一路上，翟峰一家经历了船身着火、漏水等大大小小十多次险情。他们最怕雷电交加的时刻，因为

*7.	帆船	fānchuán	
			n. sailing boat/ship
8.	撞	zhuàng	v. to bump against
*9.	艘	sōu	m. *used for boats/ships*
*10.	航行	hángxíng	
			v. to sail, to navigate by air or water
*11.	积蓄	jīxù	n./v. savings; to save
*12.	二手	èrshǒu	adj. second-hand
13.	彩虹	cǎihóng	n. rainbow
14.	包括	bāokuò	v. to include
15.	疯	fēng	
			v. to be crazy, to go mad
16.	辞职	cí zhí	v. to quit a job
17.	驾驶	jiàshǐ	v. to drive, to pilot
18.	轮流	lúnliú	v. to take turns
19.	钓	diào	
			v. to fish with a hook and line
20.	顿	dùn	m. *used for meals*
21.	海鲜	hǎixiān	n. seafood
22.	傍晚	bàngwǎn	
			n. towards evening, at dusk
23.	舒适	shūshì	
			adj. comfortable, cozy
24.	干活儿	gàn huór	v. to work
25.	盼望	pànwàng	
			v. to look forward to
26.	陆地	lùdì	n. land
27.	各自	gèzì	pron. each, respective
28.	勿	wù	
			adv. (*used in imperative sentences*) don't
29.	时刻	shíkè	n. moment
30.	着火	zháo huǒ	v. to catch fire
31.	漏	lòu	
			v. (of a container) to leak
32.	雷	léi	n. thunder

小船随时有可能被下一道闪电击到，一家三口只能紧紧拥抱在一起，希望闪电快快过去。

在经历了八个月、航行了4000多海里之后，翟峰一家终于回到了家。

翟峰相信，一切只是开始，航海就是他人生道路上一段长长的台阶，通向他想要的未来。"我和太太想要看看这个时代、这个世界到底是什么样子。人生有选择，一切可改变。"下一站，他们想去澳大利亚和新西兰。等待今年11月的北风南下之时，他们将再次出发。

改编自《都市快报》，作者：黄小星

33. 随时	suíshí	adv. at any time
34. 闪电	shǎndiàn	n. lightning
35. 击	jī	v. to hit, to strike
36. 拥抱	yōngbào	v. to hug, to embrace
* 37. 海里	hǎilǐ	m. sea mile
38. 台阶	táijiē	n. flight of steps
39. 未来	wèilái	n. future
40. 太太	tàitai	n. wife
41. 时代	shídài	n. era, age, epoch

专有名词

1. 翟峰	Zhái Fēng	Zhai Feng, name of a person
2. 澳大利亚	Àodàlìyà	Australia
3. 新西兰	Xīnxīlán	New Zealand

注释（一）词语例释
Notes 1 包括

"包括"，动词，表示包含各部分。例如：

（1）汉语技能教学包括听、说、读、写四个方面。

（2）"学习"，其实包括"学"与"习"两层意思。学，就是学习知识；习，就是实践（shíjiàn, to practice）、练习。

"包括"还可以强调某一部分，有举例、补充、解释等作用。例如：

（3）然而，包括翟峰的父母，所有人都觉得，翟峰"疯了"。

（4）我们班所有人，包括最不爱运动的刘方，也都参加了这次运动会。

● 练－练：完成句子或对话

（1）世界上使用筷子的国家主要＿＿＿＿＿＿＿＿＿＿＿＿。　（包括）

（2）这个节目全家人都喜欢，＿＿＿＿＿＿＿＿＿＿，也很爱看。　（包括）

（3）A: 听说你们的班主任王老师生病住院了？

　　　B: ＿＿＿＿＿＿＿＿＿＿＿＿＿＿＿＿＿＿＿＿。　（包括）

2 各自

"各自"，代词，指各人自己或各个方面中自己的一方，常和所指的对象一起做主语、定语。例如：

（1）中场休息时间到了，比赛双方队员各自回场外休息。

（2）刘经理认真看了三家广告公司各自提交的计划。

（3）以前陆地上的夜晚，他们在各自的房间，一家人没有更多的交流。

● 练－练：完成句子或对话

（1）快要毕业了，同学们＿＿＿＿＿＿＿＿＿＿＿＿＿。　（各自）

（2）秋天到了，＿＿＿＿＿＿＿＿＿＿＿＿＿＿＿，有一部分飞往南方，留下来的也开始做过冬的准备。　（各自）

（3）A: ＿＿＿＿＿＿＿＿＿＿＿＿＿＿＿＿＿。　（各自）

　　　B: 任务我们都清楚了，您就放心吧。

3 勿

"勿"，副词，表示禁止或劝阻，书面语，相当于"不要"。例如：

（1）非工作人员，请勿入内。

（2）网上购票者须注意网站的安全性，切勿上当受骗。

（3）中国有句老话：可上山，勿下海。

● 练－练：用所学词语改写句子

（1）大多数宾馆房间的门上都挂着一块牌子，提醒服务员不要打扰客人休息。

　　　大多数宾馆房间的门上都挂着一块"＿＿＿＿＿＿"的牌子。　（勿）

（2）为了他人的健康，请不要在公共场所抽烟。

　　　为了他人的健康，＿＿＿＿＿＿＿＿＿＿＿＿＿＿＿。　（勿）

4 时刻

"时刻"，名词，表示某一时间点或时间段。例如：

（1）在最后时刻，他为本队踢进了赢得比赛的关键一球。

（2）美好的时刻过去后是一个个紧张的夜晚。

"时刻"，也可以做副词，表示每时每刻、经常等意思，能重叠为"时时刻刻"。例如：

（3）我们非常需要你这样的人才，只要你愿意，公司的大门时刻都为你开着。

（4）工作中，他时时刻刻提醒自己：乘客的安全是最重要的。

● **练一练**：完成句子或对话

（1）任何时候都不要看轻自己，＿＿＿＿＿＿＿＿＿＿＿＿。　（时刻）

（2）因为工作的需要，我＿＿＿＿＿＿＿＿＿＿＿＿。　（时刻）

（3）A: 你为什么这么感谢他？

B: ＿＿＿＿＿＿＿＿＿＿＿＿＿＿＿＿＿。　（时刻）

（二）词语搭配

动词	+	宾语
轮流		驾船/休息/照看
盼望		（好）消息/过年/成功
定语		**中心语**
稳定的		工作/生活/关系/收入
平静的		海面/心情/生活
状语	**+**	**中心语**
为+生活/工作/考试		发愁
紧紧（地）/热情（地）		拥抱
中心语	**+**	**补语**
撞		倒/伤/断/开
漏		光/掉/出来

数量词	+	名词
一顿		饭/海鲜
一道		闪电

（三）词语辨析

■■■ 舒适—舒服

	舒适	舒服
共同点	都是形容词，都表示轻松愉快。	
	如：饭店为入住的客人准备了舒适/舒服的房间。	
不同点	1. 多用于书面语。	1. 多用于口语。
	如：这款车内部空间宽大，乘坐舒适。	如：他靠在沙发上舒舒服服地看电视。
	2. 侧重环境给人的整体感受。	2. 侧重人身体、精神上的主观的、具体的感受。
	如：我们都需要一个轻松舒适的生活环境。	如：听了他的话，我心里很不舒服。
	3. 一般极少重叠使用。	3. 可重叠为AABB。还可活用作动词，重叠形式为ABAB。
		如：踢完球了？洗个热水澡舒服舒服吧。

● **做一做**：选词填空

	舒服	舒适
（1）早晨收拾完房间后，妈妈喜欢_____地坐在那把躺椅上休息一下。	✓	×
（2）这家餐厅装修精美、环境_____。		✓
（3）我今天脖子有点儿不_____，左右转动时有点儿疼。	✓	
（4）这艘客船就像高级宾馆一样，除了有_____的客舱外，还有餐厅、电影院、商店、舞厅、游泳池等。	✓	×

练习 **1** 选择合适的词语填空
Exercises

漏　随时　辞职　待遇　稳定　发愁

① 由于在个人 ＿＿辞职＿＿ 上没谈好，他最后拒绝了这家公司的邀请。

② 现在，让许多工厂老板 ＿＿发愁＿＿ 的是有经验的技术工人很难找。

③ 丽丽到家才发现刚买的酸奶中有一袋是 ＿＿漏＿＿ 的。

④ 好的，您决定了以后，＿＿随时＿＿ 都可以给我们打电话。

⑤ 公司已经接受了他的 ＿＿待遇＿＿ 请求。

⑥ 张老师认为王力的成绩一直都很 ＿＿稳定＿＿，这次考试应该不会有什么问题。

2 选择正确答案

① 听到这个好消息后，我激动的心情久久不能 ＿＿A＿＿ 。

（A. 冷静　　B. 平静）

② 王奶奶说她每天都会锻炼锻炼，身体好了，自己 ＿＿B＿＿，也不给儿女添麻烦。

（A. 舒适　　B. 舒服）

③ 现在，父母、妻子和孩子都 ＿＿A＿＿ 着他早日学成回国。

（A. 盼望　　B. 希望）

④ 21世纪是一个信息 ＿＿A＿＿、互联网的 ＿＿A＿＿。

（A. 时代　　B. 时刻）

3 画线连接可以搭配的词语

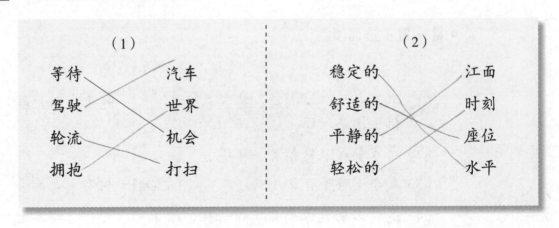

4 根据下面的提示词复述课文内容

内容提示	重点词语	课文复述
翟峰的爱好	人生、稳定、舒适、未来	
航海的准备	辞职、疯	
航海的经历	轮流、平静、时刻、各自、盼望	

扩展
Expansion

话题	HSK（五级）话题分类词语
天气	预报（yùbào）、彩虹（cǎihóng）、雷（léi）、闪电（shǎndiàn）、雾（wù）
生产	零件（língjiàn）、手工（shǒugōng）、维修（wéixiū）、机器（jīqì）、产品（chǎnpǐn）、设备（shèbèi）、设施（shèshī）、工具（gōngjù）

● **做一做**：从上表中选择合适的词语填空

（1）日出后，江面上浓浓的大_____开始慢慢散去。

（2）听天气_____说，明天有雨，要降温。

（3）空调一年之内出现质量问题，我们免费_____。

（4）这些_____检查不合格，让工人们处理了吧。

运用
Application

背景分析：

在多数人眼里，工作、家庭、汽车、住房，这些都是我们生活中不可缺少的东西。当我们想要在人生道路上做出一些选择或改变时，却发现这些东西常常会影响我们的决定。

在中国，帆船运动现在还不是很普及（pǔjí，popular）。帆船的价钱很贵，个人购买帆船的情况还很少。然而，课文中迷上帆船的翟峰做出了一个勇敢的决定，包括翟峰的父母，所有人都觉得他"疯了"。你是怎么看这件事情的呢？

话题讨论：爱好与工作、家庭、生活的关系

1. 你有什么爱好吗？它给你的生活带来了什么好处？
2. 你觉得应该怎么处理爱好和工作、家庭、生活的关系？举例说明。
3. 如果你的爱好影响了你的正常生活，你会怎么办呢？

命题写作：

请以"如果我是翟峰，我会（不会）……"为题写一段话，尽量用上本课所学的生词，字数不少于100字。

谈古说今

Talking about the Past and the Present

Unit 2

4 子路背米
Zilu Carrying Rice

请看下面的图片，试着从生词表中找出本课跟图片有关的生词。

生词：<u>古代</u>

2 在你们国家，有没有流传很久的关于孝敬父母的故事？请给老师和同学们讲一讲。

课文 子路背米 （711字） 🖭 04-1
Text

　　从前，大概在距今两千五百多年前的春秋时期，有一个人叫子路，他是孔子最年长的学生。流传至今的"百里背米"讲的就是他孝敬父母的故事。

生词 🖭 04-2

1. 背　　bēi　v. to carry on the back
2. 从前　cóngqián
　　　　　n. before, in the past
3. 时期　shíqī　n. period, stage
4. 流传　liúchuán
　　　　　v. to spread, to hand down
5. 至今　zhìjīn　adv. up to now
*6. 孝敬　xiàojìng
　　　　　v. to show filial respect for

26

子路的父母都是农民。由于连年的战争，家里生活非常困难。一天，子路从外面回来，听到父母在屋里说话："活了大半辈子了，别说鱼肉，只要能饱饱地吃上一顿米饭，也就满足啦！"子路听了，心里觉得十分惭愧。他暗下决心："一定要让父母吃上米饭，不能再委屈他们了！"

子路打听到百里之外有个有钱人，家里缺干活儿的人，决定去试一试。那家主人见他身体结实，就留下了他。子路干起活来十分勤奋，主人很喜欢这个小伙子。半年后，当子路要回家时，发现主人给的银子比他应该得到的多了许多，子路老老实实地告诉了主人。主人笑着说："孩子，工钱没算错，你做事勤快，这是我给你加的奖金。"

谢过主人，子路高兴地上路了。路过镇上，他买了一袋米、一块肉、两条鱼，背在后背上。天气非常寒冷，雪地很滑，子路不小心滑了一下，背上的米袋差点儿被甩出去。他顶着大雪往前走，扶着米袋的双手冻得不行，就停下来暖暖，再继续赶路。终于到家了，见到父母，子路把给他们买的东西及剩下的工钱都交给了他们。一家人高高兴兴地生火做饭，饱饱地吃了顿团圆饭。

后来子路的父母去世了，他也南下到了楚国。楚国国君觉得他很有本领，是个人才，就留他做了官，并给

7.	农民	nóngmín	n. farmer, peasant
8.	战争	zhànzhēng	n. war
9.	满足	mǎnzú	v. to be satisfied
10.	惭愧	cánkuì	adj. ashamed
11.	决心	juéxīn	n./v. determination; to make up one's mind
12.	委屈	wěiqu	v./adj. to do (sb.) wrong; feeling wronged
13.	打听	dǎting	v. to inquire about
14.	主人	zhǔrén	n. master, owner
15.	结实	jiēshi	adj. strong, sturdy
16.	勤奋	qínfèn	adj. diligent
17.	银(子)	yín(zi)	n. silver
18.	老实	lǎoshi	adj. honest, frank
*19.	镇	zhèn	n. town
20.	后背	hòubèi	n. back (of the human body)
21.	滑	huá	adj./v. slippery; to slip, to slide
22.	甩	shuǎi	v. to throw off, to swing
23.	顶	dǐng	v. to go against, to move towards
24.	扶	fú	v. to support with one's hand
25.	不行	bùxíng	v. (*indicating degree, intensity, etc.*) terribly, extremely
*26.	团圆	tuányuán	v. to be reunited
27.	去世	qùshì	v. to die, to pass away
*28.	国君	guójūn	n. king
29.	本领	běnlǐng	n. ability, capability
30.	人才	réncái	n. talented person
31.	官	guān	n. government official

yōuhòu favorable

他很优厚的待遇。但他并没有因为物质条件好而感到欢喜，反而常常诚恳地说："多么希望父母能和我一起过好日子！我现在有了一点儿成就，可他们已经不在了，即使再想背米百里去孝敬双亲，也不可能了。"

中国古代有句话叫"百善孝为先"，意思是说，孝顺父母是各种美德中占第一位的。子路为了让父母吃到较好的食物，不怕辛苦，这种做法确实值得我们学习。

32.	物质	wùzhì n. material
33.	反而	fǎn'ér adv. on the contrary, instead
34.	诚恳	chéngkěn adj. sincere, earnest
35.	成就	chéngjiù n. achievement, accomplishment
36.	古代	gǔdài n. ancient times
37.	孝顺	xiàoshùn v./adj. to show filial piety; obedient and respectful to one's parents
*38.	美德	měidé n. virtue, goodness
39.	占	zhàn v. to occupy, to take, to hold, to make up
40.	食物	shíwù n. food

专有名词

1.	子路	Zǐlù	Zilu, a disciple of Confucius
2.	春秋	Chūnqiū	Spring and Autumn Period (770 B.C.— 476 B.C.)
3.	孔子	Kǒngzǐ	Confucius, an ancient Chinese thinker and educator
4.	楚国	Chǔguó	Kingdom of Chu

注释（一）词语例释

Notes 1 至今

"至今"，副词，直到现在，常用于小句句首或动词前。也可与一些词语搭配形成固定结构，如"从古至今""流传至今"等。例如：

（1）我在北京出生、长大，至今还没离开过呢。

（2）至今，很多国家并没有规定什么才是健康食品。

（3）流传至今的"百里背米"讲的就是他孝敬父母的故事。

● **练一练**：完成句子或对话

（1）虽然我们已经认识多年，<u>至今还没有听到你的歌声</u>（至今）

（2）A: 你到中国已经一年了，能不能给我们介绍一下长城？

B: <u>长城至今是中国最有名的名胜古迹之一</u>。　　（至今）

（3）到底什么是幸福，<u>至今我还没感到</u>　　　　。　　（至今）

2 顶　　*to go against* / *move*　*dǐng*

"顶"，名词，表示人体或物体的最高部分。例如：　　山顶

（1）请把手举过头顶。

（2）父亲的朋友画了张画儿送我，画上是一座山，<u>山顶</u>有一个人往

下看，山下有一个人往上看。

"顶"，还可以做动词，表示头部的动作。例如：

（3）他能用头顶起20斤重的东西。

（4）院子里有两只羊正在打架，它们<u>头顶着头</u>，角对着角，就像两

个小孩儿一样，谁也不愿让谁。　　头顶着头　角对着角

"顶"做动词时还表示迎着、抵挡。例如：　*dǐdǎng keep out / withstand*

（5）天气非常寒冷，子路顶着大雪往前走。

（6）您为什么要顶着压力来做这件事呢？

"顶"，还可以做量词，用于帽子、较大的伞或伞状的东西。例如：

（7）我这顶新帽子怎么样？

（8）这项计划将成为儿童健康的一顶保护伞。　　计划

● **练一练**：完成句子或对话

（1）A: 昨天爬山你去了吗？

B: <u>对，去了山顶</u>　　　　　　　　　。　　（顶—名词）

（2）虽然昨天刮大风，<u>我顶着风（天气）航行</u>　　。　　（顶—动词）

（3）A: <u>这顶帽子真适合你</u>　　　　　　　。　　（顶—量词）

B: 是吗？那好吧，那我就买它了。

3 ……得+不行

"……+得+不行"，表示程度，还可以用"……+得+很/不得了"等。

例如：

（1）他顶着大雪往前走，扶着米袋的双手冻得不行，就停下来暖

暖，再继续赶路。

（2）这个地方这么热闹，孩子们高兴得不得了！

（3）他心里烦得很，自言自语地抱怨："怎么还有那么远啊！"

- 练一练：完成句子或对话

（1）A: 你们俩这次出去旅行了大半年，家里一直没人收拾。昨天回来，家里怎么样？

B: <u>吵得不行</u>。 （……得不行）

（2）学了一年多的汉语了，<u>难得很</u>。 （……得很）

（3）A: 听说他的父母突然去世了？

B: <u>他现在困难得不得了</u>。 （……得不得了）

4 反而

"反而"，副词，用在两个分句之间，表示跟原来预期的相反。例如：

（1）这样不但不能提高他们的阅读能力，反而有可能降低他们的阅读兴趣和热情。

（2）大城市的生活虽然很精彩，但一辈子生活在农村的父母反而会不适应。

（3）但他并没有因为物质条件好而感到欢喜，反而常常诚恳地说："多么希望父母能和我一起过好日子！……"

- 练一练：完成句子或对话

（1）他不但不孝顺父母，<u>反而他很认真 / 诚恳</u>。 （反而）

（2）他是个很有本领的人，可是，<u>反而有些地方还要提高</u> （反而）

（3）A: 你跟你同屋关系不是很好吗？怎么今天吵架了？

B: <u>我们的关系不但很好，反而很差。</u> （反而）

（二）词语搭配

动词	+	宾语
下/有/表（示）		决心
占		一半/多数/总数的百分之八十/座位/地方/便宜
定语	+	中心语
诚恳的		态度
美味的/精美的		食物

状语	+	中心语
委屈地		说/哭
勤奋（地）		学习/工作/干活儿
中心语	+	补语
背		起来/在……/不动
流传		至今/到……/了一千年
动词	+	数量词
扶		一下/一把

（三）词语辨析

◾ 满足—满意

	满足	满意
共同点	都是动词，都有感到够了、愿望实现的意思。	
	如：我对现在的生活感到非常满足/满意。	
不同点	1.强调没有更多的要求了。	1.强调符合自己的心意。
	如：只要能饱饱地吃上一顿米饭，也就满足啦！	如：老师说她对我这次的作业非常满意。
	2.一般不能做定语或状语。	2.可做定语或状语。
		如：他找到了一份满意的工作。
	3.可与"需要、要求、条件、愿望"等词搭配。	3.不常搭配直接宾语。
	如：这个我不想要，它不能满足我们的需要。	

● **做一做**：选词填空

	满足	满意
（1）我对新公司的工作条件感到很_____。	×	✓
（2）父母总是会想办法_____孩子的要求。	✓	
（3）听到这个消息，他_____地笑了。		✓
（4）你不能仅仅通过考试就_____了，要努力取得最好的成绩。	✓	✓

练习 1 选择合适的词语填空
Exercises

扶　占　从前　本领　决心　委屈

① <u>从前</u>有个人叫乐广，他有个好朋友，一有空儿就到他家来聊天儿。

② 你去教室自习的时候，帮我<u>占</u>个座位，好吗？

③ 请您先在这儿<u>委屈</u>一晚，明天我们就给您换个好的房间。

④ 邻居家有一条<u>本领</u>高强的小狗，能看门，能送报，还能买菜。

⑤ 他把那位老爷爷<u>扶</u>过了马路。

⑥ 我下<u>决心</u>从明天开始早睡早起，每天锻炼身体。

2 选择正确答案

① 昨天打不到车，是他<u>A</u>着我去的医院。　　　　（A.背　　B.后背）

② 我跟爸爸妈妈说好了，会在10点<u>B</u>回家。　　　（A.从前　　B.以前）

③ 这是在警察局，你给我<u>B</u>点儿！别乱动！　　　（A.老实　　B.诚实）

④ 他没有接受那份优厚的待遇，<u>B</u>辞职了。　　　（A.而且　　B.反而）

3 给括号里的词选择适当的位置

① A这个美丽的B故事一直C到现在D。　　　　　　　　（流传）

② 请你A暗中B一下C这件事，别让大家都D知道。　　　（打听）

③ 球A被B那个球员C了D回来。　　　　　　　　　　　（顶）

④ 这几天A作业B太多了，我累C不得了D。　　　　　　（得）

4 根据下面的提示词复述课文内容

内容提示	重点词语	课文复述
子路从外面回来	满足、惭愧、暗下决心	
子路去百里之外干活儿	打听、主人、勤奋、老实	
子路回家	背、滑、顶、扶、……得不行	
子路南下到了楚国	本领、人才、物质、反而	

扩展 Expansion	话题	HSK（五级）话题分类词语
	社交 称谓	国王（guówáng）、王子（wángzǐ）、公主（gōngzhǔ）、总理（zǒnglǐ）、 总统（zǒngtǒng）、主席（zhǔxí）、总裁（zǒngcái）、主任（zhǔrèn）、 老板（lǎobǎn）、领导（lǐngdǎo）

（handwritten）prime minister
（handwritten）director general

● **做一做**：从上表中选择合适的词语填空

（1）美国正在进行四年一次的___总统___大选。

（2）他手里有了一些钱，想自己开公司，自己做___主任___。 *总裁*

（3）这是我们办公室新来的领导，大家可以叫他王___总裁___。

（4）有些国家既有总统也有___总理___，有些国家只有其中一个。

（handwritten）be finished with

运用 Application	**背景分析：**

    "孝"是中国儒家（Rújiā，Confucianism）文化中一个重要的内容。孔子在《论语》中就提到"孝悌（filial piety and fraternal duty）"，认为人应该孝顺父母、爱兄弟。子路是个很孝顺的人，为了让父母过上更好的生活，他不怕辛苦，不怕寒冷。你愿意像他一样孝顺父母吗？

话题讨论：什么是孝顺？

1. 中国人说的"孝"是什么意思？

2. 你认为应该如何去关爱你的父母？

3. 如果有一天，你的父母身体不好了，需要有人照顾，你会怎么做？

（handwritten）如何去关爱你的父母？

命题写作：

    请以"从《子路背米》想到的"为题，谈一谈你对这个故事和对"孝"的看法。尽量用上本课所学的生词，字数不少于100字。

5 济南的泉水
Spring Water in Ji'nan

热身
Warm-up

1 请做一个小调查，了解一下济南有哪几个泉群。除了泉水，济南还有哪些值得去看的地方？

2 你喝过天然的泉水吗？如果请你形容一下天然的泉水，你会想到哪些词语呢？

	词语	
样子	美丽	
味道		

课文
Text 济南的泉水 （633字） 05-1

济南的泉水，历史悠久，最早的文字记载可以推到3000多年前。许多文人都对它的声音、颜色、形状、味道进行过描写，留下了许多赞美泉水的诗文。而济南的老百姓住在泉边，喝着

生词 05-2

1. 悠久 　yōujiǔ
　　adj. long-standing, age-old

2. 文字 　wénzì 　n. written language

*3. 记载 　jìzǎi
　　v. to record, to put down
　　in writing

4. 形状 　xíngzhuàng 　n. shape

5. 描写 　miáoxiě
　　v. to describe, to depict

6. 赞美 　zànměi 　v. to praise, to extol

7. 诗 　shī 　n. poem

8. 老百姓 　lǎobǎixìng
　　n. ordinary people, civilians

这甜美的泉水，自然对它充满感激之情，从而也产生了许多关于泉水的美丽传说。

相传很久以前，济南城里有个善良的青年，名叫鲍全，他学习医术，救了很多人。一次，他在路边救了一位晕倒的老人，并把老人接回家照顾。这老人其实是东海龙王的哥哥。通过老人的介绍，鲍全从龙王那儿求到了治病救人的白玉壶。为了不被坏人抢走，他把壶埋入地下藏了起来，于是就变成了今天有"天下第一泉"美名的趵突泉。

如今的济南市区内，分布着大大小小七百多个天然泉，这在国内外城市中是极为少有的。有如此之多的泉，名字当然也少不了。济南泉水的优美，还可从那独特的名字上反映出来，如：以人名命名的舜泉，以动物命名的黑虎泉，以形状命名的珍珠泉，等等。

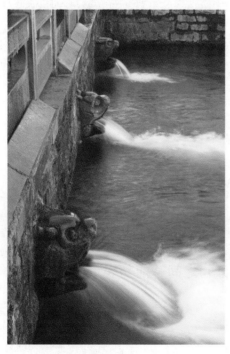

9.	充满	chōngmǎn v. to be full of
10.	感激	gǎnjī v. to feel grateful
11.	从而	cóng'ér conj. thus, consequently
12.	产生	chǎnshēng v. to emerge, to arise
13.	传说	chuánshuō n. legend
14.	善良	shànliáng adj. kind-hearted
15.	救	jiù v. to save, to rescue
16.	晕	yūn v. to faint, to pass out
17.	龙	lóng n. dragon
18.	治（疗）	zhì (liáo) v. to treat, to cure
*19.	玉	yù n. jade
20.	壶	hú n. pot, kettle
21.	抢	qiǎng v. to rob, to snatch
*22.	埋	mái v. to bury
23.	（躲）藏	(duǒ) cáng v. to hide
24.	如今	rújīn n. nowadays, present
25.	分布	fēnbù v. to be distributed (over an area), to be scattered
*26.	天然	tiānrán adj. natural
27.	优美	yōuměi adj. graceful, beautiful
28.	独特	dútè adj. unique, distinctive
29.	反映	fǎnyìng v. to reflect, to mirror
*30.	珍珠	zhēnzhū n. pearl

说到这里，您也许要问，这么多、这么好的泉水是如何形成的呢？济南的泉水，来自于济南市以南的广大山区，这些山区的岩石是大约四亿年前形成的一层厚厚的石灰岩。在这种石灰岩地区，陆地表面的水很容易进入地下。山区的石灰岩层，以大约三十度的角度，由南向北斜，因此大量的地下水向济南运动。而济南市区的地下岩石变为了火成岩，地下水流到这里，碰到火成岩挡住了路，就积蓄起来，越积越多。它无处可流，就得另找出路。济南旧城一带，地势低，有的地方甚至低过了地下水的水面，地下水就冲出地表，形成了众多的泉水。这就是济南"泉城"美名得来的原因。

31.	形成	xíngchéng
		v. to form, to take shape
32.	于	yú prep. from, out of
33.	广大	guǎngdà
		adj. vast, extensive
*34.	岩石	yánshí n. rock
35.	亿	yì num. hundred million
*36.	石灰岩	shíhuīyán n. limestone
37.	地区	dìqū n. area, region
38.	表面	biǎomiàn n. surface
39.	角度	jiǎodù
		n. angle, degree of angle
40.	斜	xié adj. oblique, slanting
41.	为	wéi v. to become
*42.	火成岩	huǒchéngyán
		n. igneous rock
43.	碰	pèng
		v. to meet, to come across
44.	挡	dǎng
		v. to block, to get in the way of
*45.	地势	dìshì n. terrain, topography
46.	冲	chōng v. to rush, to dash

专有名词

1.	济南	Jǐ'nán	Ji'nan, capital of Shandong Province
2.	鲍全	Bào Quán	Bao Quan, name of a person
3.	东海龙王	Dōnghǎi Lóngwáng	Dragon King of the East Sea
4.	趵突泉	Bàotū Quán	Baotuquan, name of a spring
5.	舜	Shùn	Shun, a legendary leader of ancient China

注释（一）词语例释
Notes **1** 从而

"从而"，连词，用在两个分句之间，前句表示原因、方法等，后句表示结果、目的等。例如：

（1）比赛前做好思想准备可以减少运动员的压力，从而取得比赛的成功。

（2）在学习过程中及时复习，可以尽早发现和解决问题，加深理解，从而取得更好的成绩。

（3）而济南的老百姓住在泉边，喝着这甜美的泉水，自然对它充满感激之情，从而也产生了许多关于泉水的美丽传说。

● 练一练：完成句子或对话

（1）玩游戏可以锻炼人的脑、眼和手，~~从而玩游~~ 游戏 很流行。（从而）

（2）公司通过引进新技术，加强管理，提高了产品质量，_____ 从而产品质量高了。（从而）

销量
xiāo liàng
sales volumes

销收售

（3）A: 时间这么紧，你们是怎么完成任务的？

B: 因为我每天加班，从而顺利地完成了任务。（从而）

2 于

"于"，介词，相当于"在、从、对、向、比"等。例如：

范围

（1）这家公司成立于1997年。（表示时间）

（2）这种药主要用于感冒的治疗。（表示范围）fàn wéi limits

（3）济南的泉水，来自于济南市以南的广大山区，……（表示处所）

（4）运动有助于健康。（表示对象）

（5）李明半年没找到工作了，没办法，只好求助于当经理的老同学王峰了。（表示对象）target

（6）队员们都认为对方的水平远远高于自己。（表示比较）

● 练一练：用所学词语改写句子

（1）乒乓球运动是在19世纪末产生的，说起来还有一段有趣的故事呢。

乒乓球运动 产生于19世纪末 _____。（于）

（2）工作上，对已取得的成功，他从不满足，而是给自己提出更高的要求。

工作上他不 取得成功于满足 _____，而是给自己

提出更高的要求。（于）

3 为（wéi）

"为"，动词，有"成、成为"的意思。例如：

（1）而济南市区的地下岩石变为了火成岩，……

（2）每个人都会遇到各种压力，可是，压力也可以变为动力。

"为"，也表示"作为、算作"等意思。例如：

（3）找工作时，很多人会以收入多少为第一标准，这种想法我不能
接受。

（4）在他看来，没有工作的生活就不能称其为生活。

● 练一练：用所学词语改写句子

（1）在影视作品中，常常把鲨鱼（shāyú, shark）描写成可怕的海洋
杀手。

在影视作品中，<u>常常鲨鱼为可怕的海洋杀手</u>。 （为）

（2）为了方便同学们报名，办公室改变了报名时间，从本月一日到
十日，周六、日不休。

为了方便同学们报名，<u>报名时间变为本月一日到十日</u>。 （为）

4 起来

"起来"，动词，"动词+起来"表示由分散到集中。例如：

fēnsàn disperse   concentrated

（1）……地下水流到这里，碰到火成岩挡住了路，就积蓄起来，
越积越多。

（2）渔夫（yúfū, fisherman）想，这网一收起来，鱼一定可以装满整
条船。

xiǎnlù visible   yǐnbì conceal

"动词+起来"也可表示由显露到隐蔽。例如：

（3）刘丽知道自己做得不对，躲起来不敢见我。

（4）为了不被坏人抢走，他把壶埋入地下藏了起来，……

● 练一练：完成句子或对话

（1）刘方喜欢把旅游时买的门票<u>躲起来</u>。 （起来）

（2）你刚工作，别太着急，经验<u>就积蓄起来</u>。 （起来）

（3）A：儿子，是你把爸爸的烟放在这鞋盒子里的吗？

B：<u>嗯，把烟躲藏起来</u>。 （起来）

（二）词语搭配

动词	+	宾语
充满		阳光/力量/希望/欢乐
反映		生活/水平/情况/能力
定语	+	中心语
悠久的		文化/历史/传统
独特的		位置/看法/形状/建筑
状语	+	中心语
生动（shēngdòng, vivid）地/正确地/认真地		描写
自然/逐渐（zhújiàn, gradually）		形成
中心语	+	补语
晕		倒/过去
救		活/起/出/过来

（三）词语辨析

■ 美丽—优美

	美丽	优美
共同点	都是形容词，都可以形容风景、环境等。	
	如：济南是一座风景美丽/优美的城市。	
不同点	1. 多用于形容长相、样子、打扮等好看。	1. 侧重形容动作、形象等给人美好的感受。
	如：她有一双美丽的大眼睛。	如：演员们的动作十分优美。
	2. 一般多形容视觉的感受。	2. 还可形容非视觉的感受。
	如：雨后天空中出现了一道美丽的彩虹。	如：一进院子就听到了丽丽那优美的歌声。
	3. 有修辞的用法，有美好、高尚（gāoshàng, noble）的意思。	3. 没有这种用法。
	如：她有一颗（kē, a measure word）美丽善良的心。	

● 做一做：选词填空

	美丽	优美
（1）这篇文章的语言生动_____。	×	✓
（2）心也像窗户一样，如果不打开，就看不到外面的_____和热闹。	✓	✓
（3）这里流传着许多_____的传说。	×	✓
（4）当地_____的自然风景吸引了很多中外游客。	✓	✓

练习 **1** 选择合适的词语填空
Exercises

于　为　充满　从而　产生　描写

① 这首诗主要 <u>描写</u> 了一对年轻人的恋爱经历。

② 新产品很受顾客欢迎，使我对公司的未来 <u>充满</u> 信心。

③ 我担心长期吃这种药会对身体 <u>产生</u> 不好的影响。

④ 办公室让我通知你明天下午的活动改 <u>为</u> 下周一了。

⑤ 刘经理毕业 <u>于</u> 北京大学经济学院。

⑥ 换一个角度考虑，也许正好就能发现问题的关键，<u>从而</u>找到解决问题的答案。
key
guānjiàn

2 选择正确答案

① <u>B</u> 是五点，再过一刻钟小明就放学了。　　　　　（A. 如今　B. 现在）

② 严芳长得不是 <u>A</u> 漂亮，但仔细看却很有味道。　　（A. 特别　B. 独特）

③ 我这次来是想当面向你表示 <u>B</u> 的。　　　　　　（A. 感谢　B. 感激）

④ 护士小姐_____女儿很勇敢，本来很怕打针的她这次竟然没哭。

（A. 赞美　B. 表扬）

"表扬"有原因
我受到了赞美/表扬

3 画线连接可以搭配的词语

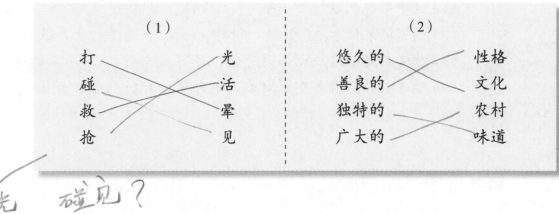

抢光　碰见？

（卖完

或

shòuwán

4 根据下面的提示词复述课文内容

内容提示	重点词语	课文复述
泉水的优美	悠久、记载、泡茶、赞美、诗文	
"天下第一泉"的美丽传说	鲍全、救、龙王、白玉壶、埋	
优雅的名字	优美、独特、命名、动物、珍珠	
形成的原因	来自于、岩石、角度、斜、挡、积蓄、冲	

扩展 Expansion	话题	HSK（五级）话题分类词语
	文学	作品（zuòpǐn）、诗（shī）、传说（chuánshuō）、神话（shénhuà）、戏剧（xìjù）、风格（fēnggé）、形象（xíngxiàng）、魅力（mèilì）、生动（shēngdòng）

● **做一做**：从上表中选择合适的词语填空

（1）这个电视剧取材于一个_____传说。

（2）咱家的装修风格 搭配（dāpèi, to match）这样的家具很合适。

（3）作者正是以这座大山为背景，写下了这个_____感人的神话故事。

（4）噪音直接影响着别人对我们的印象，好听的噪音会让一个人更有

_____。

运用
Application

背景分析：

济南的泉水分布广、水量大、水质好，身边有这么好的泉水，生活在这里的济南人当然是幸福的。可是你知道吗？前些年，由于气候干旱（gānhàn, dry）和人们不注意节水，济南很多泉水都干了。这可急坏了爱泉的济南人，人们想了许多办法来解决这个问题。在政府（zhèngfǔ, government）和百姓的共同努力下，2003年，趵突泉终于再次流出了甜美的泉水。水是大自然送给我们的宝贵（bǎoguì, precious）礼物，可是，生活中，水常常不被我们重视。趵突泉水的从有到无，又从无到有，使我们看到了水的重要。

话题讨论：**水与我们的生活**

1. 在我们的生活中，哪些事是离不开水的？

2. 地球上有些地方遇到了缺水的问题，你了解这方面的情况吗？

3. 你觉得哪些做法是对水的浪费？怎样可以减少这种浪费？

命题写作：

请以"节约每一滴（dī, drop）水"为题写一段话，尽量用上本课所学的生词，字数不少于100字。

6 除夕的由来
Origin of _Chuxi_

热身 1
Warm-up

你知道中国的除夕是什么日子吗？除夕和春节有什么关系？

2 你知道中国春节时有哪些传统食物和风俗吗？和你们国家的新年比较一下，说说有什么相同或不同的情况。

	中国	本国
食物	饺子……	
活动		

课文 除夕的由来 （671字） 🔘 _06-1_
Text

在中国，人们把农历十二月三十日这一年中的最后一天叫作除夕，这一天，全家人会一起吃年夜饭，守岁。但是，人们为什么要把年三十叫作除夕呢？

传说在很久以前，有个叫作"夕"的怪物，经常出来伤害百姓，百姓对其恨之入骨，但是又十分无奈。当时有个英雄叫作七郎，他英俊高大，力大无比。七郎还有一条狗，这条狗非常勇敢，无论咬住什么都不会松口。

生词 🔘 _06-2_

1. 除夕　chúxī
   n. eve of the Lunar New Year/ Spring Festival
*2. 由来　yóulái　n. origin, source
*3. 农历　nónglì　n. lunar calendar
4. 守岁　shǒusuì
   v. to stay up late or all night on New Year's Eve
*5. 怪物　guàiwù　n. monster
6. 伤害　shānghài　v. to hurt, to harm
7. 恨　hèn　v. to hate
8. 骨（头）gǔ (tou)　n. bone
9. 无奈　wúnài
   v. to have no way out, to be helpless
10. 英雄　yīngxióng　n. hero
11. 英俊　yīngjùn　adj. handsome
12. 咬　yǎo　v. to bite

一天，七郎从外边回来，看到邻居家女孩的外公坐在路边哭，于是上前询问，一问才知道，原来天真可爱的女孩被"夕"吃掉了。七郎暗暗下定决心一定要杀死"夕"，替百姓除掉这个制造灾害的东西。于是七郎带着他的狗出发了，他到处打听"夕"的消息，但是一直找不到它。

这样过了差不多一年，这天正好是大年三十，七郎来到了一个热闹的城镇。这一年来，七郎虽然没有找到"夕"，但是了解到了很多关于"夕"的情况：它一般在太阳落山后出来害人，到天亮前又会逃得连影子都找不着了；此外，它还特别害怕声响。于是七郎告诉这里的百姓，"夕"说不定晚上要出来伤害大家，让大家今晚熬夜等着，一见到"夕"就赶紧敲打东西，大家一起把"夕"杀掉。

太阳很快落山了，到了晚上，"夕"果然出来了。它想吃一户人家的姑娘，被这家人发现了，于是他们立刻敲响了家中的锅和盆子，跟着整个镇子都响了起来。"夕"吓得什么似的，急忙往外逃。七郎的狗追上了"夕"，并死死地咬住了它。七郎跑上前去，一箭射死了"夕"。

13.	外公	wàigōng n. maternal grandfather
14.	询问	xúnwèn v. to ask, to inquire
15.	天真	tiānzhēn adj. naïve, innocent
16.	杀	shā v. to kill
17.	（代）替	(dài)tì prep. for, on behalf of
18.	除	chú v. to get rid of, to remove
19.	制造	zhìzào v. to make, to produce
20.	灾害	zāihài n. disaster, calamity
21.	逃	táo v. to escape
22.	影子	yǐngzi n. shadow
23.	此外	cǐwài conj. in addition, moreover
24.	说不定	shuōbudìng adv. perhaps, possibly, it's likely that…
25.	熬夜	áo yè v. to stay up late
26.	赶紧	gǎnjǐn adv. immediately, at once
27.	果然	guǒrán adv. as expected, really
28.	姑娘	gūniang n. girl
29.	锅	guō n. pot, pan
30.	盆（子）	pén(zi) n. basin, tub
31.	整个	zhěnggè adj. whole, entire
32.	吓	xià v. to frighten, to scare
33.	似的	shìde part. (indicating similarity) like, as
34.	追	zhuī v. to chase, to go after
*35.	箭	jiàn n. arrow
36.	射（击）	shè (jī) v. to shoot

除掉"夕"以后，百姓纷纷对七郎表达谢意。由于这一天很有意义，于是人们就在每年的年三十这天晚上，仍然像那天一样整晚不睡觉，敲打出响声。就这样一代代传下来，形成了除夕夜守岁、放鞭炮的风俗。

37. 纷纷	fēnfēn	adv./adj. one after another; all at once
38. 表达	biǎodá	v. to express, to voice
39. 意义	yìyì	n. meaning, significance
40. 鞭炮	biānpào	n. firecrackers
41. 风俗	fēngsú	n. custom, convention

专有名词

| 1. 夕 | Xī | Xi, name of a monster |
| 2. 七郎 | Qīláng | Qilang, name of a man |

注释（一）词语例释

Notes 1 替

"替"，动词，意思是"代替"。 ~~substitute~~ 例如：

（1）见了外公，你替我向他问好。

（2）刘老师今天有点儿事来不了，你能替替他吗？

"替"，也可以做介词，表示"给、为"。例如：

（3）七郎暗暗下定决心一定要杀死"夕"，替百姓除掉这个制造灾害的东西。

（4）李阳要去留学了，我们都替他高兴。

● **练一练**：完成句子或对话

（1）你放心吧，他借的钱 _替你向汇付_ 。 （替）

（2）后天就要考试了，小明的病还没好，_你能替替他吗_ 。 （替）

（3）A: 明天，我去上海出差，要带点儿什么东西吗？
　　 B: _你随便就可以，什么都会替我高兴_ 。 （替）

2 说不定

"说不定"，动词，意思是"不能说得很清楚、肯定"。例如：

（1）这事儿经理已经同意了，只是出发的时间还说不定。

（2）咱俩到底谁赢谁输还真说不定呢。

"说不定"，也可以做副词，表示估计，可能性很大。例如：

（3）周末他起得晚，这会儿说不定还在睡觉呢。

（4）别随随便便就说放弃，说不定下次就成功了。

● **练一练**：完成句子或对话

（1）你再去图书馆或书店转转，~~说说不定你真的在读书~~。 （说不定）

（2）A：今年的优秀毕业生定了吗？李阳有希望吗？

　　B：~~我说不定李阳有没有希望~~。 （说不定）

（3）A：要想达到他那样的成就，我这辈子是不敢想了。 *dare to* ⟨不敢想⟩

　　B：~~说不定有多少个人不敢想这个梦想~~。 （说不定）

3 似的

"似的"，助词，"像/跟/好像……似的"表示跟某种事物、情况相似。多用于书面语。例如：

（1）消息一出来，询问情况的电话雪片似的纷纷打来。

（2）我不敢相信这是真的，好像做梦似的。 *dynamic* *qíngtài*

在"……得+什么似的"结构中，"什么似的"代替想表示的情态，有夸张的语气。例如： ⟨*mood*⟩

（3）刘方背着重重的电脑包挤地铁，下班回到家累得什么似的。

（4）"夕"吓得什么似的，急忙往外逃。

● **练一练**：完成句子或对话

（1）丽丽爱读书，一天要是不看点儿什么，~~她会买什么似的~~（似的）

（2）李阳考上了北大，~~好像做梦似的~~。 （似的）

（3）A：小刘怎么了？她今天有点儿不太高兴。

　　B：~~她今天加班了太多，今天累得什么似的~~。 （似的）
　　　　作

4 纷纷 *one after the other*

"纷纷"，形容词，"动词/形容词＋纷纷"形容（言论、落下的东西）多而乱。例如：

（1）秋风刮起，落叶纷纷。

（2）他救起了妻子，孩子却被大水冲走了。事后，人们议论（yìlùn, to talk about）纷纷。

"纷纷"，也可以做副词，后面接动词，表示（许多人或事物）接二连三地。例如：

（3）除掉"夕"以后，百姓纷纷对七郎表达谢意。

（4）要下雨了，路上的人纷纷往家里跑。

● **练一练**：完成句子或对话

（1）新年快到了，各大商场、购物中心 买东西的人纷纷 。（纷纷）

（2）见到熊猫的游客们非常兴奋， 笑纷纷 纷纷合影 。（纷纷）

（3）A: 听说了吗？小刘的妻子生了个女儿。

　　B: 他们应刻幸福纷纷 忙 。（纷纷）

（二）词语搭配

动词	＋	宾语
制造		飞机/机会/战争/难题
表达		思想/决心/心情/感受/意见/看法
定语	＋	中心语
天真的		孩子/性格/想法
整个		房间/社会/计划/夏天/过程
状语	＋	中心语
仔细地/关心地/急忙/纷纷		询问
准确地/生动地/形象地		表达
中心语	＋	补语
除		掉/去
吓/急/恨/美慕/后悔/吵		得＋什么似的

（三）词语辨析

■■■ 打听—询问

	打听	询问
共同点	都是动词，都有"问"的意思。	
	如：他打听/询问了老人的身体和生活情况。	
不同点	1. 多用于口语。	1. 多用于书面语。
	如：我跟您打听一下，附近有邮局吗？	如：他仔细地询问了公司近年来的发展情况。
	2. 一般用于寻找、了解有关信息，后可跟结果补语"到"。	2. 后面一般不能带结果补语"到"；另外，还有"征求意见"的意思。
	如：我到处打听也没打听到这家公司。	如：他打电话询问刘教授对论文（lùnwén，thesis，dissertation）的意见。
	3. 没有这种用法。	3. 后面可跟动作的对象，还可活用为名词。
		如：警察询问了当天见过他的邻居。他详细地回答了病人的询问。

● **做一做**：选词填空

	打听	询问
（1）A：打扰一下，向您＿＿＿＿件事。你知道王老板有什么兴趣爱好吗？ B：他最大的爱好就是去各地旅游了，平时也喜欢看看书、看看电影什么的。	✓	×
（2）她＿＿＿＿到北京有位医生能治这个病，就带着孩子来了。	✓	
（3）我＿＿＿＿了一下，附近像这样的房子，差不多都得一百万。	✓	✓
（4）我＿＿＿＿了几个修过机器的顾客，他们对小刘的服务都很满意。		✓

练习
Exercises

1 选择合适的词语填空

赶紧　无奈　制造　果然　伤害　此外

helpless

① 还真让你说对了，他 **果然** 还不知道这件事。
② 两岁的果果是我们家最能 **制造** 麻烦的人。
③ 姑娘脸上表现出很 **无奈** 的样子。
④ 他喜欢音乐、电影、运动， **此外** 还喜欢旅行。
⑤ 不用送了， **赶紧** 回去吧，家里还有别的客人呢。
⑥ 经常熬夜对身体的 **伤害** 极大。

2 选择正确答案

accurate

① 人的思想感情是非常丰富的，有些是无法用语言准确 **B** 的。
(A. 表示　　B. 表达)

② 你 **B** 给他回个电话，他好像有什么急事找你。
(A. 急忙　　B. 赶紧)

③ 今天是不可能了，你 **A** 安排一个时间见面吧。
(A. 此外　　B. 另外)

④ 明星 (míngxīng, star) 的影响力 **A** 不一般。　(A. 果然　　B. 居然)
as expected　unexpectedly

3 给括号里的词选择适当的位置

① 你的担心不是A没有B道理的，今天李阳C没有D通过面试。　(果然)
② A学院B所有的C老师同学都在议论D这件事。　(整个)
③ A路上的人B他着急，拉住C他的马，阻止D他说："方向错了。"
(替)
④ 忽然，他A看见小木屋的方向B升起了黑烟，C他D跑过去看。
(急忙)

4 根据下面的提示词复述课文内容

内容提示	重点词语	课文复述
"夕"的情况和习性	怪物、伤害、制造、灾害、响声、影子	
七郎除掉"夕"的经过	果然、锅、盆、吓、似的、逃、射	
年三十的风俗习惯	守岁、熬夜、鞭炮	

扩展
Expansion

话题	HSK（五级）话题分类词语
旅游	名胜古迹（míngshèng gǔjì）、风景（fēngjǐng）、展览（zhǎnlǎn）、合影（hé yǐng）、预订（yùdìng）、结账（jié zhàng）、团（tuán）、时差（shíchā）
节日	国庆节（Guóqìng Jié）、元旦（Yuándàn）、除夕（Chúxī）

● **做一做**：从上表中选择合适的词语填空

（1）我们还是先_____好宾馆吧，到了那儿再找比较麻烦。

（2）你好，我要退房，现在可以_____吗？

（3）我昨天刚从英国回来，_____还没倒过来。

（4）在北京留学的这一年，这里的各大_____我都看遍了。

运用
Application

背景分析：

每个国家都有自己的传统节日，新年应该是中国最热闹的节日之一了。中国人过年时有很多风俗习惯和庆祝活动。亲朋好友要互相拜年，家家户户都要贴春联（chūnlián，Spring Festival couplet），放鞭炮，包饺子，逛庙会（miàohuì，temple fair），看舞龙、舞狮子。另外，大人们也忘不了给孩子红包，这个红包还有一个特别的名字叫"压岁钱"。以上介绍的有关春节的风俗习惯，你知道哪些？

话题讨论：**我知道的有关中国新年的风俗习惯**

　　1.有关春节的风俗习惯，你比较了解的是什么？

　　2.你是怎么知道这些情况的？你感兴趣的地方（或原因）是什么？

　　3.如果你能在中国过春节的话，你最想做的是什么？

命题写作：

　　请以"我眼中的中国春节"为题写一段话，介绍一下你对中国春节的了解和看法。尽量用本课所学的生词，字数不少于100字。

倾听故事

Listening to Stories and Anecdotes

7 成语故事两则
Two Idiom Stories

请看下面的图片，试着找出本课跟它有关的生词。

生词：大象 ____ ____ ____ ____ ____ ____

2 请先想一想这个故事想要说明什么道理（dàolǐ，truth），然后向大家介绍一下你对这个故事的理解。

课文
Text

盲人摸象 （255字） 07-1

很久以前，有一个很有智慧的国王。一天，他让士兵们去找一头大象和一些出生时眼睛就瞎了的人回来。士兵们分别去不同地方寻找，把找到的大象和盲人带到他面前。

国王叫盲人们去摸一摸大象，问他们："你们觉得大象是什么样的

生词 07-2

1. 成语　chéngyǔ　n. idiom, set phrase
2. 则　　zé
   　　　m. (used for news or writings) piece
*3. 盲人　mángrén　n. blind person
4. 摸　　mō
   　　　v. to touch, to feel, to stroke
5. （大）象　(dà) xiàng　n. elephant
6. 智慧　zhìhuì　n. wisdom
7. 士兵　shìbīng　n. soldier
8. 瞎　　xiā
   　　　v./adv. to be blind; blindly, foolishly
9. 分别　fēnbié
   　　　adv. respectively, separately
10. 寻找　xúnzhǎo
    　　　v. to look for, to seek

呢？"摸到牙齿的盲人说："我觉得像一个角。""胡说！"摸到尾巴的盲人说，"它像一条绳子。"摸到大象身子的盲人说："我觉得像一面又高又平的墙。""不，你们都错了，应该是像一把扇子。"这个盲人摸到了大象的耳朵。

国王笑了起来："你们每个人都只摸到了一点，就认为自己了解全部了吗？只有片面的认识是不能下结论的。"

11.	牙齿	yáchǐ	n. tooth
12.	胡说	húshuō	v. to talk nonsense
13.	尾巴	wěiba	n. tail
14.	绳子	shéngzi	n. rope
15.	平	píng	adj. flat, level
16.	墙	qiáng	n. wall
17.	扇子	shànzi	n. fan
18.	片面	piànmiàn	adj. one-sided
19.	结论	jiélùn	n. conclusion

精诚所至，金石为开 （436字） 07-3

西汉时期有一位著名的将军叫李广，他善于骑马射箭，作战勇敢，被称为"飞将军"。一天傍晚，他正带着士兵们在山中打猎，忽然发现远处蹲着一只大老虎。士兵们都紧张地围了上来，想要保护他。李广摇摇头，表示不要紧。只见他从箭袋里取出一支箭，摆好姿势，全神贯注，用尽全力向老虎射去。

生词 07-4

*20.	精诚所至，金石为开 jīngchéng suǒzhì, jīnshí wéi kāi absolute sincerity can affect even metal and stone—no difficulty is insurmountable if one sets his/her mind on it		
*21.	将军	jiāngjūn	n. (military rank) general
22.	善于	shànyú	v. to be good at
23.	称	chēng	v. to call, to give sb. a particular name
*24.	打猎	dǎ liè	v. to go hunting
25.	忽然	hūrán	adv. suddenly
26.	蹲	dūn	v. to squat, to crouch
27.	摇	yáo	v. to wave, to shake
28.	不要紧	bú yàojǐn	it doesn't matter
29.	支	zhī	m. used for long, thin, inflexible objects
30.	摆	bǎi	v. to put, to place, to set in order
31.	姿势	zīshì	n. pose, posture
*32.	全神贯注	quánshén-guànzhù	to concentrate on, to be absorbed in
33.	尽（力）	jìn (lì)	v. to try one's best

过了一会儿，老虎没什么反应，士兵们小心地走上前去，想确定它是不是死了。没想到仔细一看，被射中的竟不是老虎，而是一块形状很像老虎的大石头，而且一整支箭几乎全都射到石头中去了！大家都很吃惊，连李广自己都不相信他能有这么大的力气，于是他想再试试。可是，这次他连续换了几根箭，都没能再射进去，有的箭头碎了，有的箭杆断了，而大石头一点儿变化也没有。"哎，怎么会这样？"士兵奇怪地你看我，我看你。"唉！大概是我不够用心了吧！"李广也无奈地说。

人们对这件事情感到很不解，就去问当时最有影响力的学者扬雄。扬雄回答说："如果诚心实意，即使像金属和石头那样硬的东西也会被打动。""精诚所至，金石为开"这一成语也便由此流传下来。

34. 反应	fǎnyìng	n./v. response; to react
35. 确定	quèdìng	v. to confirm, to make sure
36. 石头	shítou	n. stone, rock
37. 连续	liánxù	v. to be continuous, to be in succession
38. 根	gēn	m./n. root, foundation; *a measure word for long and thin objects*
39. 碎	suì	v./adj. to break into pieces; broken, fragmentary
*40. 杆	gǎn	n. pole, shaft
41. 哎	āi	int. *used to express surprise or dissatisfaction*
42. 唉	ài	int. *sighing sound indicating sadness or regret*
43. 金属	jīnshǔ	n. metal
44. 硬	yìng	adj. hard, tough
45. 便	biàn	adv. *used to indicate that sth. comes naturally under certain conditions or circumstances*

专有名词

1. 西汉	Xīhàn	Western Han Dynasty (206 B.C.—25 A.D.)
2. 李广	Lǐ Guǎng	Li Guang (?—119 B.C.), a famous general
3. 扬雄	Yáng Xióng	Yang Xiong (53 B.C.—18 A.D.), a scholar

注释（一）词语例释
Notes **1** 瞎

"瞎"，动词，意思是"眼睛看不见"。例如：

（1）聪明人用双手挡住了马的双眼，对那个人说："要是这马真是你的，你一定知道马的哪只眼睛是瞎的。"

（2）一天，他让士兵们去找一头大象和一些出生时眼睛就瞎了的人回来。

"瞎"，也可以做副词，表示没有理由、没有根据或没有效果地做某事。

例如：　瞎说

（3）别听他瞎说！不用害怕，我们不会这么倒霉（dǎoméi, unlucky）的。

（4）他自己的问题，他会想办法的，你就别替他瞎担心了。

- 练一练：完成句子或对话

（1）虽然她是瞎眼的　　　　　，但她的脸上总是有美丽的微笑。（瞎）

（2）A: 刚才的考试你考得怎么样？我有好几个题不会做。

　　B: 有好几个很难、我就瞎写了回答　　　　　　　　　。（瞎）

（3）你少跟他打交道，你一定要照顾瞎人　　　　　　。（瞎）

2　分别

"分别"，动词，意思是"离别"。例如：

（1）分别是暂时的，我们以后一定会再见。

（2）从毕业到现在，我们已经分别20年了，一直都没有联系。

"分别"，也可以做副词，表示分头、各自。例如：

（3）我分别找两个人打听了这件事，他们的说法都是一样的。

（4）士兵们分别去不同地方寻找，把找到的大象和盲人带到他面前。

"分别"做副词时也表示细数每一个。例如：

（5）一张桌子上放着三瓶饮料，分别是茶、可乐和咖啡。

（6）谈到对目前工作最不满意的地方，39.1%的被调查者认为休息时间太少，发展慢、工资太低分别占20.3%和20%。

"分别"还可以做名词，意思是"区别""不同的地方"。例如：

（7）我不知道这两种做法有什么分别。

（8）这两张照片的分别是一眼就看得出来的。

- 练一练：完成句子或对话　咱们

（1）时间过得真快，马上就要分别了　　　　　。（分别-动词）

（2）A: 快放寒假了，你们假期有什么打算？

　　B: 我分别去不同的地方滑雪　　　　　　。（分别-副词）

（3）A: 我们有三年没见面了吧？

　　B: 你和三年之前的你没有什么分别　　　　。（分别-名词）

3 根

"根"，名词，意思是"植物在土里向下生长的部分"。例如：

（1）这棵树的根又粗又长。

（2）这种植物的根下雨时会大量吸水，从而满足自身的需要。

"根"做名词时也表示事物的基础。例如：

（3）你这颗（kē, *a measure word for teeth*）牙连牙根都坏了，平时难道不

疼吗？

（4）这件事还是得从根上解决，只解决表面问题是不行的。

"根"，也可以做量词，常用于细长的东西。例如：

（5）摸到尾巴的盲人说大象像一根绳子。

（6）可是，这次他连续换了几根箭，都没能再射进去，……

● **练一练**：完成句子或对话

（1）植物靠 ~~根 满足自身的需~~ 。 （根—名词）

（2）第一次用筷子的时候，一根一根要放在手指里 。 （根—量词）

（3）A: 你今天去超市主要想买什么？

B: 我要买根绳子 。 （根—量词）

4 便

"便"，副词，意思是"就"，常用于书面语。例如：

（1）楼上新买了一架钢琴，我们家便多了一些不安静。

（2）很多时候，仅仅是换一种心情，换一个角度，便可以从困境中走

出来。

（3）"精诚所至，金石为开"这一成语也便由此流传下来。

● **练一练**：用所学词语改写句子

（1）他刚出门，发现没带钥匙，就转身回去拿。

他刚出门，发现没带钥匙，＿＿＿＿＿＿＿＿＿＿＿＿。 （便）

（2）朋友不停地给她介绍男朋友，但是每次不是她不喜欢别人，就是

别人不喜欢她。

朋友不停地给她介绍男朋友，但是每次＿＿＿＿＿＿＿＿＿

＿＿＿＿＿＿＿＿＿＿＿＿＿＿＿＿＿＿＿＿＿。 （便）

（3）如果我们坚持原来的想法，这个工作是不可能完成的。

如果我们坚持原来的想法，＿＿＿＿＿＿＿＿＿＿＿＿。 （便）

（二）词语搭配

动词	+	宾语
寻找		机会/信息/亲人/人才
确定		时间/地点/人选
状语	**+**	**中心语**
片面（地）		看/认为
连续		工作/驾驶/发生/演出
中心语	**+**	**补语**
摸		到……/出（来）……
打/撞/撕（sī, to rip）		碎
数量词	**+**	**名词**
一支		笔/花/烟
一根/一条		尾巴/绳子/皮带
主语	**+**	**谓语**
这件事情/他的伤		不要紧
反应		很快

（三）词语辨析

■■■ 忽然—突然

	忽然	突然
共同点	都可用在动词前，表示很快发生、没想到的意思。	
	如：我们正在上课，他忽然/突然站了起来。	
不同点	是副词，只能用在动词或小句前（可以替换成"突然"）。	是形容词，可做谓语、补语、定语。
	如：一天傍晚，他正带着士兵们在山中打猎，忽然发现远处的草丛中蹲着一只大老虎。	如：这件事太突然了！（谓语） 这件事发生得太突然了！（补语） 这突然的一声喊叫吓了我一跳。（定语）

● 做一做：选词填空

	忽然	突然
（1）他抱着小狗走到门口，_____想起妈妈不允许他在家里养小动物。	✓	✓
（2）消息来得太_____了，我完全没有准备。	✗	✓
（3）这是一个_____的变化，我们谁也没想到。		✓
（4）有个铁路工人_____就辞了职，买帆船出海了，你听说了吗？	✓	✓

练习
Exercises

1 选择合适的词语填空

尽力　　片面　　确定　　善于　　寻找　　不要紧

❶ 他在四处 寻找 ，但至今仍然没有结果。

❷ 不能这样 片面 地看问题，而要多方面地考虑。

❸ 你 确定 他就是我们要找的那位英雄吗？

❹ 我们班有个同学被车撞了，还好伤得不重，不要紧。

❺ 她很爱护学生，也很 善于 教育他们。

❻ 别难过了，虽然成绩不理想，但你已经 尽力 了。

2 选择正确答案

❶ 每天我一回家，可爱的小狗就 摇 着尾巴冲我跑过来。

（A. 摸　　B. 摇）

❷ 对我们提出的意见，老板还没有做出 反应 。　（A. 反应　　B. 反映）

❸ 我真的需要休息了，我已经 连续 工作20个小时了。（A. 继续　　B. 连续）

❹ 唉 ，我想到了一个办法，你们看看行不行。　（A. 唉　　B. 哎）

3 给括号里的词选择适当的位置

① 他 A 没回家，肯定是 B 公司有事，你 C 着什么 D 急！ （瞎）

② A 半夜里，B 他 C 睡着睡着 D 坐了起来。 （忽然）

③ 这么 A 美丽的 B 图画竟然是用 C 绳子 D 做的！ （根）

④ 他们 A 去两个 B 不同的城市做社会调查，想了解 C 南方和北方 D 不同的风俗！ （分别）

4 根据下面的提示词复述课文内容

内容提示	重点词语	课文复述
盲人摸象	瞎、分别、摸、片面、结论	
精诚所至，金石为开	称、忽然、不要紧、确定、连续、硬、便	

扩展
Expansion

话题	HSK（五级）话题分类词语
语言文字	文字（wénzì）、词汇（cíhuì）、成语（chéngyǔ）、字母（zìmǔ）、声调（shēngdiào）、拼音（pīnyīn）、语气（yǔqì）、疑问（yíwèn）否定（fǒudìng）、省略（shěnglüè）

● **做一做**：从上表中选择合适的词语填空

（1）对我来说，汉语拼音中的 声调 很难，我常常分不清二声和三声。

（2）你怎么能用这种 语气 跟父母说话呢？

（3）写文章的时候，不用在每个句子里都用"我"，前面已经有了，后面就可以 省略 了。

（4）我提出了我的看法，但领导 否定 了我的意见。

运用
Application

背景分析：

　　射箭的时候，我们要对准目标（mùbiāo，target）。这个目标，在古代叫作"的"，也就是我们今天说的"目的"的"的"；而箭，在古代叫作"矢"（shǐ，arrow）。连起来就是成语"有的放矢"。我们在这一课中学到了"精诚所至，金石为开"，它告诉我们，做事情的时候，态度很重要，如果诚心实意，即使像金属和石头那样硬的东西也会被打动。但另一方面，如何确定目标也很重要。我们都知道，箭射出的距离是有一定限度的，太远的目标，即使非常正确，也是无法达到（dádào，to reach，to attain）的。

话题讨论：**凡事应有的放矢**

　　1.你学习过射箭吗？应该怎么做才能更容易射中目标？

　　2.在学习、工作或者生活中，我们同样需要有目标，你的目标是什么？

　　3.你觉得给自己确定什么样的目标才是最合适的？

命题写作：

　　请以"有的放矢"为题，谈一谈你对做事情时态度和目标的看法。尽量用上本课所学的生词，字数不少于100字。

8 "朝三暮四"的古今义
Three at Dawn and Four at Dusk

热身 1
Warm-up

你能用中文说出下面图片中的食物吗?

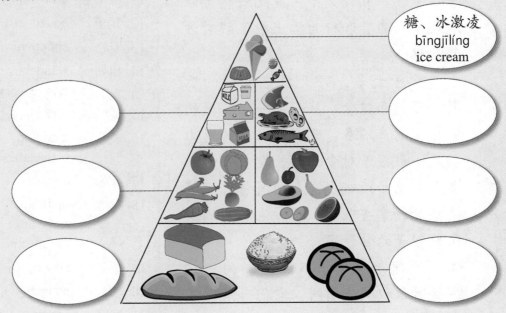

糖、冰激凌
bīngjīlíng
ice cream

2 说说在你们国家,有哪些常吃的食物,它们跟中国的食物有哪些相同,有哪些不同。

课文 "朝三暮四"的古今义 (737字) 🔘 *08-1*
Text

　　成语是汉语中非常有特点的一部分词汇。成语有固定的结构,不能随便更改;它的意义是整体性的,不是每个字意思的简单相加,而是综合起来表达一个完整的意思。

　　一般来说,成语的意义也是稳定的,很少发生变化,比如我们学过的"盲人摸象"和"精诚所至,金石为开"。但也有古今不同的,像我们今天要学习的"朝三暮四"。

　　中国古代有一位哲学家,在他的书中讲了这样一个寓言故事:

生词 🔘 *08-2*

*1. 朝三暮四 zhāosān-mùsì
to give three in the morning and four in the evening—to play fast and loose, to chop and change

2. 词汇 cíhuì n. vocabulary

3. 固定 gùdìng
adj./v. fixed, settled; to fix

4. 结构 jiégòu n. structure

5. 整体 zhěngtǐ n. whole, entirety

6. 综合 zōnghé
v./adj. to synthesize, to summarize; comprehensive, integrated

7. 完整 wánzhěng adj. complete

*8. 哲学家 zhéxuéjiā n. philosopher

*9. 寓言 yùyán n. fable

63

　　从前有位老人，喂养了一群猴子当宠物。相处久了，彼此居然可以从表情、声音和行为举止中了解对方的意思。

　　猴子太多，每天要吃大量的瓜果、蔬菜和粮食。然而，一个普通的家庭，财产不多，哪有那么大的财力满足一群猴子对食物的长期需要呢？老人甚至必须减少家人的消费，好节省些食物拿去喂养猴子。他注意到该限制猴子的食量了。

　　问题是，猴子不像猪、狗，吃不饱时仅仅只是叫叫，它们如果得不到好的待遇，就会像一群调皮的孩子，经常跟人淘气。

　　老人的朋友送给他很多橡子，这是一种猴子爱吃的果实。在其他粮食不足的情况下，用橡子喂猴子倒是个办法。于是老人对猴子们说："今后你们除了吃馒头，还可

*10.	喂养	wèiyǎng	v. to feed, to raise
11.	群	qún	m. group, herd, flock
12.	猴子	hóuzi	n. monkey
13.	宠物	chǒngwù	n. pet
14.	相处	xiāngchǔ	v. to get along (with one another)
15.	彼此	bǐcǐ	n. each other
16.	表情	biǎoqíng	n. (facial) expression
17.	行为	xíngwéi	n. behavior
18.	对方	duìfāng	n. the other side, the other party
19.	蔬菜	shūcài	n. vegetable
20.	粮食	liángshi	n. grain, cereal, food
21.	家庭	jiātíng	n. family
22.	财产	cáichǎn	n. property, fortune
23.	消费	xiāofèi	v. to consume
24.	节省	jiéshěng	v. to save, to economize
25.	限制	xiànzhì	v. to limit, to restrict
26.	猪	zhū	n. pig
27.	调皮	tiáopí	adj. naughty, mischievous
28.	淘气	táoqì	adj. naughty, mischievous
*29.	橡子	xiàngzi	n. acorn
30.	果实	guǒshí	n. fruit
31.	不足	bùzú	adj./v. insufficient; to be less than
32.	倒	dào	adv. indicating being contrary to what is expected or thought
33.	馒头	mántou	n. steamed bun

以再吃一些橡子。我早上给你们三颗，晚上给四颗。"

猴子们似乎只弄懂了主人前面说的一个"三"，觉得自己吃了亏，一个个立起身子跳来跳去，对着老人大喊大叫地发脾气。*píqi bad temperament*

老人见猴子们不接受，就换了一种方式，*shì* 安慰它们说道："要不这样吧，既然你们觉得少，那就改成每天早上四颗，晚上三颗，这样总够了吧？"

猴子把主人前面说的一个"四"当成全天多得了的橡子，所以马上安静下来，显得格外开心。老人看着这情景，哈哈地笑了。

哲学家用这个故事告诉人们，不要太关心生死、得失，因为到最后我们会发现没有失去什么，也没有得到什么。不过，发展到今天，"朝三暮四"这个成语的意义已经完全改变了。你知道它现在是什么意思吗？

34. 颗	kē	m. used for things small and roundish
35. 似乎	sìhū	adv. it seems that…, seemingly
36. 吃亏	chī kuī	v. to suffer losses
37. 方式	fāngshì	n. way, method
38. 安慰	ānwèi	v. to comfort, to console
39. 要不	yàobu	conj. otherwise, or else
40. 显得	xiǎnde	v. to seem, to appear
41. 格外	géwài	adv. especially, extraordinarily
42. 情景	qíngjǐng	n. scene, sight
43. 哈	hā	onom./int. sound of laughter; indicating complacency or satisfaction

注释（一）词语例释
Notes 1 倒

反倒成

"倒"，副词，表示跟一般情况相反。例如：

（1）在其他粮食不足的情况下，用橡子喂猴子倒是个办法。

（2）少年不解地问："怎么勇敢反倒成为缺点了？"

"倒"，表示没有想到。例如：

（3）有这样的人？我倒要认识认识。

（4）小刘租的房子虽然很小，不过收拾得倒还干净。

shōushi put in order

"倒"，可以表示让步，先用"倒"肯定，再说其他方面。例如：

（5）质量倒是挺好，就是价格太贵了。

（6）我倒是很愿意参加这次活动，就是暂时无法确定是否有时间。

"倒"，还可以表示不耐烦地问或催。例如：

（7）你究竟去还是不去？倒是说句话呀！

（8）你倒是说说看，这件事你不负责谁负责？

- **练一练**：完成句子或对话

（1）A: 你觉得这套房子装修得怎么样？

B: 内部装修倒是好看，就是外部装修不好看 。 （倒）

（2）第一次看的时候不太难 ，做起来可就难了。 （倒）

（3）A: 你倒是说什么时候会好！ 。 （倒）

B: 着什么急啊？再等两分钟，马上就好了。

2 ⋯⋯来⋯⋯去

"⋯⋯来⋯⋯去"，表示动作的多次重复，用在"来"和"去"前的两个动词通常是同一个词或者近义词。例如：

（1）小狗追着自己的尾巴，在草地上跑来跑去。

（2）猴子们似乎只弄懂了主人前面说的一个"三"，觉得自己吃了亏，一个个立起身子跳来跳去，对着老人大喊大叫地发脾气。

（3）他们研究来讨论去，还是没找出原因。

- **练一练**：完成句子或对话

（1）他的手机不见了，很着急，找来找去 。 （⋯⋯来⋯⋯去）

（2）公园里，小狗跑来跑去 。 （⋯⋯来⋯⋯去）

（3）A: 怎么帮他把丢掉的手机找回来，你有办法了吗？

B: 我想来想去，但是想不出来办法 。 （⋯⋯来⋯⋯去）

3 要不

"要不"，连词，意思跟"要不然"相同，表示如果不这样，就会出现下面的结果。"要不/要不然"常放在后一分句的主语前。例如：

（1）老太太说："4块，要不我不买。"

（2）还好碰见你了，要不然我今天肯定要迟到了。

"要不/要不然"还可以表示还有另外一种选择。例如：

（3）今天太晚了，要不你明天再走吧。

（4）要不这样吧，既然你们觉得少，那就改成每天早上四颗，晚上三颗，这样总够了吧？

● **练一练**：完成句子或对话

（1）谢谢你昨晚给我发了个短信，~~要不我根本忘了这个安排~~ （要不）

（2）A: 后天我们打算去中国朋友家过除夕，你有什么计划？

　　B: ~~我和我的外国朋友一起打算过除夕，要不你自己过吧~~。（要不）

（3）A: ~~我明天早上可以上课，要不需要改一些排~~　　　　。（要不）

　　B: 我都行，看你什么时候方便吧。

（二）词语搭配

动词	+	宾语
限制		数量/年龄/发展
显得		很健康/格外高兴/更加美丽
定语	**+**	**中心语**
固定（的）		结构/职业/收入/座位/地点/消费群体
消费		群体/量/习惯/水平/标准
状语	**+**	**中心语**
完整地		叙述/取出来/保留（bǎoliú, to keep）下来
跟朋友/家人		相处
中心语	**+**	**补语**
固定		一下/下来/在……
节省		一点儿/出来/下来
数量词	**+**	**名词**
一群		猴子/鸟/牛/羊/马/人/学生
一颗		葡萄/牙齿

（三）词语辨析

■ 彼此—互相

	彼此	互相
共同点	都有表示双方有同样行为的意思。	
	如：我们彼此/互相都很了解对方。	
不同点	1. 代词，可以用在动词前做主语。	1. 副词，用在动词前时前面还需要加主语。
	如：相处久了，彼此居然可以从表情、声音和行为举止中了解对方的意思。	如：好朋友应该互相帮助。
	2. 还可做宾语、定语。	2. 不能做宾语、定语。
	如：我们是最好的朋友，不分彼此。（宾语） 我们彼此的爱好相同。（定语）	
	3. 可以重叠，表示双方差不多。	3. 不能重叠。
	如：咱们俩彼此彼此，我画得比你好不了多少。	

● **做一做**：选词填空

	彼此	互相
（1）你们是姐妹，应该_____照顾。	✓	✓
（2）对同一个问题，_____的认识不同，是很正常的事情。		
（3）我们是夫妻，各自除了孝顺自己的父母，也应该孝顺_____的父母。		
（4）现在是我们公司最困难的时候，大家应该_____支持，_____帮助。		

练习 **1** 选择合适的词语填空
Exercises

颗　群　安慰　似乎　限制　相处

❶ 希望我们能够友好_____，共同发展。

❷ 他最近心情不太好，事情_____办得不太顺利。

❸ 聚在电台门口的那_____人是干什么的？

❹ 她跟丈夫离婚后非常伤心，朋友们轮流来_____她。

⑤ 小明昨天掉了一＿＿＿牙齿，这是他第一次换牙。

⑥ 这次的作文不＿＿＿字数，你可以想写多少就写多少。

2 选择正确答案

① 我建议这几天我们应该把下周会议讨论话题的顺序＿＿＿下来。

（A. 固定　　　B. 一定）

② 汉语的＿＿＿非常丰富，你得特别注意近义＿＿＿之间的区别。

（A. 词　　　B. 词汇）

③ 这篇文章＿＿＿上写得不错，有些小地方还要再改改。

（A. 整体　　　B. 完整）

④ 这两个女孩儿关系非常好，＿＿＿亲姐妹一样。（A. 似乎　　　B. 好像）

3 给括号里的词选择适当的位置

① 从成为 A 大学同学以来，B 他们就 C 相爱 D 了。　　　　　（彼此）

② 他输了这场比赛不是因为能力 A 不够 B，而是因为 C 准备 D。　（不足）

③ A 我 B 很想辞职，但是 C 我妻子 D 不支持我的想法。　　　（倒是）

④ 你已经 A 不错了，别老觉得自己好像 B 吃了 C 亏 D 似的！　　（大）

4 根据下面的提示词复述课文内容

内容提示	重点词语	课文复述
老人和猴子的关系	群、相处、彼此	
老人发现的问题	粮食、财产、节省、限制、淘气	
老人和猴子的交流	不足、倒、似乎、……来……去、要不、显得	

话题	HSK（五级）话题分类词语
饮食1	食物（shíwù）、粮食（liángshi）、蔬菜（shūcài）、豆腐（dòufu）、辣椒（làjiāo）、花生（huāshēng）、土豆（tǔdòu）、玉米（yùmǐ）、馒头（mántou）、海鲜（hǎixiān）、香肠（xiāngcháng）

扩展 Expansion

● **做一做**：从上表中选择合适的词语填空

（1）_____主要是指可以做主食的东西，比如大米、土豆、玉米等。

（2）你不能每顿饭光吃肉，还得多吃_____。

（3）我不太能吃辣，麻烦你做菜时少放点儿_____。

（4）我老家靠海，所以我从小就喜欢吃_____。

运用 Application

背景分析：

　　"朝三暮四"这个词原来的意思是说不管是"朝三暮四"，还是"朝四暮三"，实际上没有变化，我们没有得到什么，也没有失去什么。后来这个成语用来形容（xíngróng, to describe）做事经常改变，到今天甚至发展成专门用来形容一个人对感情不专一。从这个例子，我们可以看到词汇在使用过程中意义发生了变化。这种情况在每种语言中都会出现。

话题讨论：词汇的语义变化

1. 请调查一下汉语中词汇语义从古代到现代发生变化的情况，例如"菜""金""汤""走"等。
2. 举一个你自己母语中词汇语义变化的例子。
3. 你觉得了解这种语义变化现象对你的汉语学习有帮助吗？举例说明。

命题写作：

　　请以"'朝三暮四'的古与今"为题，谈一谈你对词汇语义变化的看法。尽量用本课所学的生词，字数不少于100字。

9 别样鲁迅
The Lu Xun You Don't Know

请说说照片里的人物是谁。关于他，你知道些什么？

2 问一下你的同学或朋友，他们跟朋友聚会时常常去哪些地方，最喜欢进行什么活动。

常去的地方	进行的活动	地点和活动情况介绍

课文
Text

别样鲁迅 （648字） 09-1

　　美食很大一部分是靠名人推动的，这一点在民国时期表现得尤其突出。例如著名的文学家鲁迅，在吃喝这件事上，就算是个地道的行家，不但会吃，还会亲自动手做，

生词 09-2

1. 表现　biǎoxiàn
   v./n. to show, to display; manifestation
2. 突出　tūchū　adj. prominent, salient
3. 文学家　wénxuéjiā
   n. writer, man of letters
4. 算　suàn
   v. to regard as, to count as
5. 地道　dìdao　adj. true, genuine
*6. 行家　hángjiā　n. expert
7. 亲自　qīnzì
   adv. personally, in person

71

对许多美食都有独特的见解。这是近代新时尚。

北京是鲁迅长期生活过的城市，仅从这一时期鲁迅写作的日记中，我们发现他去过的知名餐馆就有65家，另外，他还很爱吃稻香村的点心。作为大作家、大学问家，鲁迅对吃很讲究，吃的内容在他的日记里占了很大一部分。在众多餐馆里，鲁迅去得最多、最喜欢的是广和居，平均每周都要去一次。

鲁迅经常到这家店的一个重要原因是距离近，广和居的大门就在他当时住的胡同的斜对面。位于菜市口附近的广和居是北京"八大居"之首，在民国时期非常出名。广和居算不上豪华，但却很适合朋友在这里聚会、热闹。这里特别欢迎文人的光临，为他们的聚会创造了很好的条件。广和居院里分成大小不同的各种房间，有一个人的，有三五人小聚的，也有十多个人大聚会的。这大大满足了鲁迅爱和朋友吃饭的要求。他爱好交际，大方好客，常呼朋唤友，多数是三五个人一起吃，有时甚至会直接让广和居送外卖到家里，在家招待朋友。当

* 8. 见解　jiànjiě
　　n. understanding, opinion

9. 近代　jìndài
　　n. modern times (referring to the period between mid-19th century and 1919 in Chinese history)

10. 时尚　shíshàng　n. fashion

11. 写作　xiězuò　v. to write

12. 点心　diǎnxin　n. dessert, dim sum

13. 作为　zuòwéi
　　v./prep. to be; as, being

14. 学问　xuéwen
　　n. knowledge, learning

15. 讲究　jiǎngjiu
　　v./adj. to be particular about, to stress; exquisite

16. 平均　píngjūn　adj. average

17. 胡同　hútòng　n. alley, lane

18. 位于　wèiyú
　　v. to be located at (in, on, etc.)

19. 首　shǒu　n. head, first

20. 豪华　háohuá　adj. luxurious, lavish

21. 光临　guānglín
　　v. to visit, to frequent

22. 交际　jiāojì
　　n. social contact, communication

23. 大方　dàfang　adj. generous

24. 好客　hàokè　v. to be hospitable

25. 呼朋唤友　hūpéng huànyǒu
　　to invite friends, to have friends gather together

26. 招待　zhāodài
　　v. to receive, to entertain

然最重要的还是因为广和居有鲁迅喜欢的菜。那里的菜既有高档的，也有适合普通百姓的，样样都让人有胃口。

鲁迅也爱喝酒，虽然明明知道自己有胃病，不应该喝酒，但却很难戒掉。他是每顿饭必喝酒的人。现在保存的历史资料记载，他和郁达夫一起喝酒的次数最多。鲁迅酒量不大，经常喝醉，而且在喝酒的过程中烟不离手。郁达夫在1933年曾经作诗形容他："醉眼蒙眬上酒楼，彷徨呐喊两悠悠"，描写得十分形象。

改编自《民国吃家》，作者：二毛

27.	高档	gāodàng adj. high-grade, top-grade
28.	胃口	wèikǒu n. appetite
29.	明明	míngmíng adv. evidently, undoubtedly
30.	胃	wèi n. stomach
31.	戒	jiè v. to give up, to quit
32.	保存	bǎocún v. to keep, to save
33.	资料	zīliào n. data, material
34.	曾经	céngjīng adv. once, in the past
35.	形容	xíngróng v. to describe, to depict
*36.	蒙眬	ménglóng adj. drowsy, half asleep
*37.	悠悠	yōuyōu adj. leisurely, unhurried
38.	形象	xíngxiàng adj. vivid

专有名词

1. 鲁迅	Lǔ Xùn	Lu Xun (1881—1936), a famous Chinese writer
2. 稻香村	Dàoxiāngcūn	Daoxiangcun Bakery
3. 广和居	Guǎnghéjū	Guangheju Restaurant
4. 菜市口	Càishìkǒu	Caishikou, a place in Beijing
5. 郁达夫	Yù Dáfū	Yu Dafu (1896—1945), a famous Chinese writer
6. 《彷徨》	Pánghuáng	*Wandering*, one of Lu Xun's short story collections
7. 《呐喊》	Nàhǎn	*Call to Arms*, one of Lu Xun's short story collections

注释（一）词语例释
Notes **1** 算

"算"，动词，意思是"认作，当作"。例如：

（1）例如著名的文学家鲁迅，在吃喝这件事上，就算是个地道的
　　　行家，……

（2）这钱就算我借给你的，将来你有了的时候再还我。

"算"后面可以跟"了"，表示"作罢、不再计较"的意思。例如：

（3）不就是一个空瓶子吗？扔掉算了。

（4）算了吧，你跑得再快，也追不上会飞的鸟啊。

● 练一练：完成句子或对话

（1）从我家去公司，坐几站地铁就到了，＿＿＿＿＿＿＿＿＿。　　（算）

（2）A：后天是孩子的生日，你打算怎么表示一下呀？

　　　B：＿＿＿＿＿＿＿＿＿＿＿＿＿＿＿＿＿。　　（算）

（3）A：电影几点开始？吃完饭再去，时间是不是有点儿紧张啊？

　　　B：＿＿＿＿＿＿＿＿＿＿＿＿＿＿＿＿＿。　　（算了）

2 作为

"作为"，动词，意思是"看作，认为是……"。例如：

（1）北海公园离家最近，所以我把那儿作为每晚散步的去处。

（2）经理要请我去吃顿饭，说是作为我加班的表扬。

"作为"，可以做介词，用于引出人的身份或事物性质。例如：

（3）作为大作家、大学问家，鲁迅对吃很讲究，吃的内容在他的日
　　　记里占了很大一部分。

（4）西红柿是世界上种植（zhòngzhí, to plant）非常普遍的蔬菜，中国
　　　作为主要生产国之一也在扩大（kuòdà, to expand）它的种植面积
　　　（miànjī, area）。

● 练一练：完成句子或对话

（1）＿＿＿＿＿＿＿＿＿＿＿＿＿，治病救人是我们的职责。　　（作为）

（2）A：你做的面包比外边卖的都好吃，你真应该开个店。

　　　B：我喜欢现在的工作，＿＿＿＿＿＿＿＿＿＿＿。　　（作为）

（3）A：小明每天从早忙到晚，又是学游泳，又是弹钢琴，可学习成绩
　　　　下降了很多。

　　　B：＿＿＿＿＿＿＿＿＿＿＿＿＿＿＿＿＿。　　（作为）

3 曾经

"曾经"，副词，表示从前有过某种行为或出现过某种情况。例如：

（1）郁达夫在1933年曾经作诗形容他："醉眼蒙眬上酒楼，彷徨呐
　　　喊两悠悠"，描写得十分形象。

（2）鲁迅曾经说他是将别人喝牛奶、咖啡的时间用来学习。

（3）孔子曾经带着学生周游各国14年，传播他的思想。

● 练一练：完成对话

（1）A: 你和李阳好像很熟啊，你们以前就认识？

　　　B: 对，_____。（曾经）

（2）A: 你来北京才半年，汉语怎么说得这么好？

　　　B: 哦，是这样的，_____。（曾经）

（3）A: _____。（曾经）

　　　B: 真的吗？我最近也迷上了摄影，以后遇到问题可以请教他了。

（二）词语搭配

动词	+	宾语
讲究		吃/穿/卫生/方法
戒		烟/酒
定语	+	中心语
地道的		普通话/北京小吃
高档（的）		礼品/家具/服装（fúzhuāng, clothing）
中心语	+	补语
算		得上/不上
保存		几百年/完好/至今
数量词	+	名词
一条/个		胡同
一首		歌/诗
主语	+	谓语
表现		（很）好/突出/稳定
描写		（很）形象

（三）词语辨析

■ 亲自—自己

	亲自	自己
共同点	都有表示本人的意思。	
	如：（鲁迅）不但会吃，还会亲自/自己动手做。	
不同点	1. 副词，常用于主语和动词之间。	1. 代词，可做主语、宾语、定语等。
	如：老人总是亲自喂养他的猴子。	如：请大家带好自己的资料。
	2. 一般用于身份地位较高的人，或平时不常做的事。	2. 强调动作的完成者是本人，不是别人。
	如：这份礼物是市长亲自为生病的小女孩儿做的。	如：你应该自己努力学习，不能总是靠别人。

● **做一做：**选词填空

	亲自	自己
（1）这是你_____的事，应该_____做。	×	✓
（2）今年我的业绩全公司第一，新年晚会上，总裁_____给我发了奖金。		
（3）希望您能_____来参加这次活动。		
（4）每个学生都有_____的性格特点和兴趣爱好，因此老师在教育学生时应该注意选择合适的方法。		

练习 **1** 选择合适的词语填空

Exercises

戒　　首　　保存　　地道　　讲究　　形象

❶ 著名的文学家、语言学家刘半农1920年写了一_____题为《教我如何不想她》的小诗，流传至今。

❷ 筷子是中餐最主要的进餐用具，在使用上也有很多_____。

❸ 你咳嗽得这么厉害，真得_____烟了！

❹ 作为一家北京的川菜馆，能做出如此_____的麻婆豆腐真是不容易。

❺ 新鲜的葡萄不易_____，因此其价格也比较高。

❻ 公司这次要求招聘_____好的职员。

2　选择正确答案

① 他平时成绩一般，但在今晚的比赛中_____得很突出。

（A. 表达　　B. 表现）

② 我对从1840年到1919年的中国_____历史很感兴趣。

（A. 近代　　B. 现代）

③ 我今天_____不太舒服，所以没什么_____。　（A. 胃　　B. 胃口）

④ 人们_____把西红柿当作有害的果子。　（A. 曾经　　B. 已经）

3　给括号里的词选择适当的位置

① 这事你找我 A 商量 B 找对人 C 了，这方面我可懂得 D 不少。　　（算）

② 我 A 听说总理 B 将 C 参加这次活动 D。　　（亲自）

③ 请写下与你 A 关系最 B 亲近的六个朋友，记下他们每个人的月收入，然后 C 算出他们月收入的 D 数。　　（平均）

④ A 这 B 怎么 C 是个缺点呢？D 是个优点呀！　　（明明）

4　根据下面的提示词复述课文内容

内容提示	重点词语	课文复述
鲁迅与美食	算、亲自、作为、讲究	
广和居	平均、位于、光临、交际、招待、胃口	
鲁迅与酒	胃、戒、保存、曾经	

扩展
Expansion

话题	HSK（五级）话题分类词语
社会	道德（dàodé）、传统（chuántǒng）、风俗（fēngsú）、制度（zhìdù）、秩序（zhìxù）、权力（quánlì）、权利（quánlì）、义务（yìwù）、文明（wénmíng）、人口（rénkǒu）、集体（jítǐ）

● **做一做**：从上表中选择合适的词语填空

（1）公司有严格的管理_____，保证了各项工作的正常进行。

（2）每一个学龄儿童都有受教育的_____。

（3）西安，古称"长安"，是世界四大_____古都之一。

（4）乘车、购物要排队，好的公共_____需要我们每个人的努力。

运用
Application

背景分析：

　　鲁迅（1881—1936），浙江绍兴人，原名周树人，"鲁迅"是他在1918年5月发表中国第一篇白话小说《狂人日记》时开始使用的笔名。他曾留学日本学习医学，后从事（cóngshì, to engage in）文学创作。在中国，鲁迅是中国现代文学史上一位地位独特、影响深远的作家。他的作品思想（sīxiǎng, thought）深刻，充满批判（pīpàn, to criticize）性，像是用笔做武器在战斗。《呐喊》和《彷徨》是他的两部小说集。

讨论话题：**我喜欢的一位名人**

1. 你喜欢的这位名人是谁？简单介绍一下有关他/她的情况。

2. 你如何评价他/她？你喜欢他/她的理由是什么？

3. 你觉得他/她对你有影响吗？有什么影响？

命题写作：

　　请以"我喜欢的一位名人"为题，介绍一位你熟悉的著名人物。尽量用上本课所学的生词，字数不少于100字。

走近科学

Approaching Science

10 争论的奇迹
Miracle of Debate

热身
Warm-up

1 请试着用本课的生词来描述下面的图片。

描述：<u>这是一位摄影师拍的照片。</u>
_____

2 你知道哪些表示手部动作的动词？请写在下面的横线上，并说说它们分别是什么意思。

本课生词中的：<u>拍</u>　____　____　____
其他你知道的：____　____　____　____

课文
Text

争论的奇迹 （560字） 🔊 10-1

1872年的一天，在美国加利福尼亚州的一个酒店里，斯坦福与科恩围绕"马奔跑时蹄子是否着地"进行了辩论。斯坦福认为，马奔跑得那么快，在跳起时四蹄应该都是不落地的；而科恩认为，马要是四蹄都不着地，那不是成了青蛙啦？

生词 🔊 10-2

1. 争论　zhēnglùn
   v. to argue, to dispute
2. 奇迹　qíjì　n. miracle, wonder
3. 围绕　wéirào　v. to center around
*4. 奔跑　bēnpǎo　v. to run, to gallop
*5. 蹄（子）tí (zi)　n. hoof
6. 辩论　biànlùn　v. to debate
*7. 青蛙　qīngwā　n. frog
8. 啦　la
   part. *combination of the sounds of* "了 (le)" *and* "啊 (a)", *expressing exclamation, interrogation, etc.*

应该是始终有一蹄着地。两人各执一词，争论得脸红脖子粗，谁也说服不了谁。于是他们就请英国摄影师麦布里奇来判断，可麦布里奇也弄不清楚。不过摄影师毕竟是摄影师，主意还是有的。他们一起来到一个操场，在一条跑道的一边等距离放上24个照相机，照相机对准跑道；在跑道另一边打24个洞，分别插进24根木棍，木棍上系着细线，细线穿过跑道，接上相机快门。

一切都准备好了，麦布里奇让一匹马从跑道的一头飞奔到另一头，马一边跑，一边按顺序撞断拦路的24根细线，相机连续拍下了24张相片，相邻两张相片的差距都很小。相片显示：马奔跑时始终有一蹄着地，科恩赢了。

事后，有人无意识地快速拉动那一长串相片，"奇迹"出现了：各张相片中静止的马连成了一匹运动的马，相片"活"了。这就是电影最早的样子。

9. 始终	shǐzhōng
	adv. from the beginning to the end, all along
10. 脖子	bózi n. neck
11. 说服	shuōfú
	v. to persuade, to convince
12. 摄影师	shèyǐngshī n. photographer
13. 毕竟	bìjìng
	adv. after all, in the final analysis
14. 操场	cāochǎng
	n. sports ground, playground
15. 洞	dòng n. hole
16. 插	chā v. to insert, to stick in
*17. 棍	gùn n. stick, cudgel
18. 系	jì v. to tie, to fasten
19. 匹	pǐ m. *used for horses*
20. 拦	lán v. to block, to hold back
21. 拍	pāi
	v. to take (a photo), to shoot (a video)
22. 差距	chājù n. gap, difference
23. 显示	xiǎnshì
	v. to show, to display
*24. 意识	yìshi
	n./v. consciousness; to be aware of, to realize

经过艰苦的试验，电影拍摄技术逐渐改进、成熟。1895年12月28日，法国人卢米埃尔兄弟在巴黎第一次向公众播放了短片《火车到站》，这一天后来成为电影产生的纪念日，兄弟俩也成为历史上最早的电影导演。

留心生活的每一瞬间，并为之争论，适时请求帮助、认真研究，或许重大发现就在你的眼前。

改编自《小故事　大道理》，作者：胡晓

专有名词

1. 加利福尼亚州　Jiālìfúníyà Zhōu
   California

2. 斯坦福　Sītǎnfú
   Leland Stanford

3. 科恩　Kē'ēn
   Cohen, a surname

4. 麦布里奇　Màibùlǐqí
   Eadweard Muybridge

5. 卢米埃尔　Lúmǐ'āi'ěr
   Lumière, a French surname

25.	艰苦	jiānkǔ adj. arduous, difficult, tough
*26.	试验	shìyàn n./v. trial, test; to make a trial
27.	逐渐	zhújiàn　adv. gradually
28.	改进	gǎijìn v. to improve, to ameliorate
29.	成熟	chéngshú v./adj. to ripen; mature
30.	兄弟	xiōngdì　n. brother
31.	播放	bōfàng v. to broadcast, to play (music or videos)
32.	纪念	jìniàn　v. to commemorate
33.	导演	dǎoyǎn n./v. director (of a show or movie); to direct
*34.	瞬间	shùnjiān n. a short period of time
35.	请求	qǐngqiú v./n. to request, to ask; request
36.	或许	huòxǔ　adv. maybe, perhaps
37.	重大	zhòngdà adj. great, significant

注释（一）词语例释

Notes 1 毕竟

"毕竟"，副词，意思是"到底，终于"。例如：

（1）虽然我们遇到了很多困难，但毕竟完成了任务。

（2）不过摄影师毕竟是摄影师，主意还是有的。

"毕竟"也用于指出最重要或正确的部分，常与表示"（不管怎样）结论就是这样"的句子一起使用。例如：

（3）生活中总有无法解决的问题，毕竟不是所有的对错都能讲清楚，甚至可能根本就没有真正的对与错。

（4）他不高兴是正常的，毕竟没有人能在摔得头破血（xuè, blood）流的时候，还高兴得起来。

● **练一练**：完成句子或对话

（1）你们毕竟是好朋友，_____。

（2）A: 这孩子真是太淘气了！我快被他烦死了！

B: _____。　　（毕竟）

（3）A: 他最近脾气真是太差了，一点儿小事就发火！

B: _____。　　（毕竟）

2 逐渐

"逐渐"，副词，表示程度或数量一点点增加或减少。例如：

（1）食物越来越少，老人不得不逐渐限制猴子的食量。

（2）这项运动首先在亚太地区流行，并逐渐受到世界各地人们的欢迎。

（3）经过艰苦的试验，电影拍摄技术逐渐改进、成熟。

● **练一练**：完成句子或对话

（1）A: 刚来北京的时候，你习惯吗?

B: _____。　　（逐渐）

（2）茶首先在中国出现，_____。　　（逐渐）

（3）A: _____。　　（逐渐）

B: 我觉得你说得对，就这么办吧。

3 或许

"或许"，副词，意思是"也许，有可能"。例如：

（1）虽然以前她不支持你，但或许这次会有变化。

（2）或许正是因为这一点一滴的努力，你就会走在别人的前面。

（3）留心生活的每一瞬间，并为之争论，适时请求帮助、认真研究，或许重大发现就在你的眼前。

● **练一练**：完成句子或对话

（1）他的妻子前几年瘫痪了，＿＿＿＿＿＿＿＿＿＿＿＿＿。　　（或许）

（2）A: 你猜这场比赛的结果会怎么样？

　　B: ＿＿＿＿＿＿＿＿＿＿＿＿＿＿＿＿＿＿。　　（或许）

（3）A: ＿＿＿＿＿＿＿＿＿＿＿＿＿＿＿＿＿＿。　　（或许）

　　B: 希望是这样，那我们再等五分钟。

（二）词语搭配

动词	+	宾语
拍		手/桌子/照片/电影
改进		工作/方法/态度
定语	**+**	**中心语**
艰苦（的）		条件/生活
成熟的		瓜果/人/经验/看法/条件
状语	**+**	**中心语**
围绕（着）重点		进行讨论
始终		坚持/保持
中心语	**+**	**补语**
插		进（去）/到……/在……
拦		住/在……
数量词	**+**	**名词**
一匹		马
一场		争论/辩论

（三）词语辨析

▇ 显示—显得

	显示	显得
共同点	都是动词，都有表现出、让人看出的意思，但一般不能换用。	

	显示	显得
不同点	1. 指表现出某种态度、能力或情况。	1. 指表现出某种特性。
	如：相片显示：马奔跑时始终有一蹄着地。	如：几年不见，他显得成熟多了。
	2. 一般与□词或小句搭配。	2. 一般与形容词搭配。
	如：这□□动的组织显示出了他的	如：中秋节那天，月亮显得格外明亮。

● **做一做**：□□空

	显示	显得
（1）□近怎么了？总是＿＿＿不太高兴。	×	✓
（2）□□，只有37%的人愿意回到没有手机的时代。		
（3）□日的北京＿＿＿更加美丽。		
（□）□得＿＿＿出自己的本领，公司才会愿意用你。		

练习 1
Exercises □择合适的词语填空

插　系　拦　拍　说服　围绕

❶ 你今天＿＿＿这条领带吧，比较正式。

❷ 地球为什么会＿＿＿太阳转，一直是科学家们很感兴趣的问题。

❸ 如果不是他在中间＿＿＿了一手，事情不会变成现在这样。

❹ 这位导演＿＿＿过二十几部电影，得过好几项国际大奖。

❺ 我始终没有办法＿＿＿他接受这个结论。

❻ 前面不知道发生了什么事，路被＿＿＿住了。

2 选择正确答案

❶ 在昨天举行的＿＿＿赛上，他的表现得到了大家的好评。

（A. 争论　　B. 辩论）

❷ 毕业二十年以来，我们＿＿＿保持着联系。　　（A. 始终　　B. 终于）

③ 我们之间还有很大的＿＿＿＿＿，我要向他学习，更加努力。

（A. 差距　　B. 距离）

④ 吃中餐＿＿＿＿＿西餐都可以，只是我不能吃太辣的。

（A. 或许　　B. 或者）

3 给括号里的词选择适当的位置

① 我A都十八岁B，能照顾好C自己，您就放心D吧。　　　　　　　（啦）
② A是秋天了，B再热C也不会D像夏天那样。　　　　　　　　　　（毕竟）
③ 这是A已经B经过很多人C证明的D经验。　　　　　　　　　　　（成熟）
④ 真心A希望B您能同意我的C，D帮我这个忙！　　　　　　　　　（请求）

4 根据下面的提示词复述课文内容

内容提示	重点词语	课文复述
斯坦福与科恩的辩论	围绕、始终、说服	
麦布里奇的办法	操场、插、系、显示	
电影的产生	奇迹、逐渐、播放、纪念	

扩展
Expansion

话题	HSK（五级）话题分类词语
服饰	围巾（wéijīn）、领带（lǐngdài）、手套（shǒutào）、牛仔裤（niúzǎikù）、丝绸（sīchóu）、布（bù）、耳环（ěrhuán）、戒指（jièzhǐ）

● **做一做**：从上表中选择合适的词语填空

（1）天气太冷了，你系条_____再出去吧。

（2）我们去年买的那双_____你放在哪儿了？

（3）今天不上班，不用穿西服，终于可以穿_____了。

（4）您觉得这条_____怎么样？当生日礼物送给您先生很合适。

运用
Application

背景分析：

　　历史上有很多伟大的发明。例如，中国传统的"四大发明"分别是造纸术、指南针（zhǐnánzhēn, compass）、火药和印刷（yìnshuā, printing）术。这些发明对我们的生产和生活产生了重大的影响。有趣的是，有些发明，不是科学家专门研究出来的，而是生活当中无意间发现的，就像我们课文中介绍的电影的产生一样。

话题讨论：日常生活中的重大发现

　　1.读过课文后，你认为电影的发明最重要的原因是什么？

　　2.你还知道哪些重大发现或发明的故事？请简单介绍一下。

　　3.从你介绍的这个发现或发明中，你想到了什么？

命题写作：

　　请以"日常生活中的大发现/发明"为题，谈一谈你所了解的日常生活中的重大发明或发现。尽量用上本课所学的生词，字数不少于100字。

11 闹钟的危害
Harm of Alarm Clocks

热身 1
Warm-up

下面几种醒来的方式中，你比较喜欢哪种？最不喜欢哪种？为什么？

A. 闹钟的铃声

B. 家人的催促（cuīcù，to urge, to hasten）

C. 鸟或狗的叫声

D. 渐亮的太阳光线

2 请从生词表中找出与睡眠有关的词语，并说说它们与睡眠有什么关系。

词语	关系
闹钟	如果早上有课，为了不迟到，我晚上睡觉前都会定上闹钟。

课文 闹钟的危害 （673字） 11-1
Text

医学研究证明，人类睡眠有其特定的机制，自然醒是最符合人体生物钟规律的。光线是自然醒的必要条件，是人体内的生物闹钟。

生词 11-2

1. 闹钟　nàozhōng　n. alarm clock
2. 危害　wēihài
   v. to harm, to jeopardize
3. 人类　rénlèi　n. humankind
*4. 机制　jīzhì　n. mechanism
*5. 生物　shēngwù　n. living things
6. 规律　guīlǜ
   n./adj. law, regular pattern;
   regular
7. 光线　guāngxiàn　n. light, ray
8. 必要　bìyào
   adj. necessary, essential

早晨，人体感受到逐渐变强的太阳光线，新陈代谢随之加快，人逐渐从熟睡过渡到浅睡，直到醒来。这就是阴雨天人们往往喜欢睡懒觉的原因。

紧张的现代生活，使很多上班的人无法享受轻松舒适的睡眠、自然地醒来，闹钟的用途就显得格外重要了。但实验研究证明，人们对自然醒与被闹钟铃声叫醒这两种方式所产生的反应是很不相同的。从睡眠状态过渡到清醒状态时，人的呼吸会从16次/分钟提高到24次/分钟，心跳每分钟加快10次。如果突然被闹钟叫醒，将在心理上使人产生心慌、情绪低落、感觉没睡醒等不适。如果是从深度睡眠中被突然叫醒，那么，人的短期记忆能力、计算技能都会受到影响，这些能力最多为正常状态的65%，与醉酒者相当。

出于自我保护，被闹钟叫醒时我们的身体会提高体内的肾上腺素水平。这种状态如果持续数天、数周、数月，将导致高血压、失眠和一些精神问题等。研究发现，突然

*9. 过渡	guòdù	v. to transit
10. 浅	qiǎn	adj. shallow, light
11. 现代	xiàndài	n./adj. modern times; modern
12. 享受	xiǎngshòu	v. to enjoy
13. 用途	yòngtú	n. use, purpose
14. 实验	shíyàn	v./n. to make an experiment; experiment
15. 铃	líng	n. bell
16. 所	suǒ	part. *used before a verb followed by a noun which is the receiver of the action*
17. 状态	zhuàngtài	n. state, status
*18. 清醒	qīngxǐng	adj./v. sober; to regain consciousness
19. 呼吸	hūxī	v. to breathe
20. 心理	xīnlǐ	n. mentality, psychology
21. 慌(张)	huāng (zhāng)	adj. flurried, flustered
22. 情绪	qíngxù	n. emotion, mood
23. 低落	dīluò	adj. down, depressed
24. 记忆	jìyì	v./n. to remember; memory
25. 计算	jìsuàn	v. to calculate, to compute
26. 相当	xiāngdāng	v. to be equal to
27. 持续	chíxù	v. to continue, to last
28. 数	shù	num. several
29. 导致	dǎozhì	v. to cause, to lead to
30. 失眠	shīmián	v. to suffer from insomnia
31. 精神	jīngshén/jīngshen	n./adj. spirit, vigor; lively, vigorous

被闹铃惊醒的人比自然醒的人血压更高、心跳更快。对此，专家解释说，人在睡眠时，身体会发生一些变化，因此人们在早上醒来时更容易发病，而闹铃则会使发病的可能性变得更大。如果你必须定个闹钟，应采用柔和的声音或音乐。

各种醒来方式中，当然是自然醒最符合我们的愿望。可谁能替你拉开窗帘让阳光照进来呢？近年来，市场上出现了一种新的电子产品，名为"光闹钟"。它能在室内模仿早晨自然光线的变化，通过光线的作用使人在设定的时间里自然地醒来，可避免传统闹钟突然惊醒对人体健康的伤害。希望这样能向真正的"自然醒"走近一点，再走近一点。

改编自"中国科普网"

32.	专家	zhuānjiā	n. expert
33.	采用	cǎiyòng	v. to use, to employ
*34.	柔和	róuhé	adj. gentle, soft
35.	愿望	yuànwàng	n. wish, hope
36.	窗帘	chuānglián	n. curtain
37.	市场	shìchǎng	n. market
38.	产品	chǎnpǐn	n. product, produce
39.	模仿	mófǎng	v. to imitate, to model on
40.	避免	bìmiǎn	v. to prevent, to avoid
41.	传统	chuántǒng	n./adj. tradition; traditional

科学名词

1.	生物钟	shēngwùzhōng	n. biological clock
2.	新陈代谢	xīnchén-dàixiè	metabolism
3.	肾上腺素	shènshàngxiànsù	n. adrenaline
4.	血压	xuèyā	n. blood pressure

注释（一）词语例释

Notes 1 来/过来

"来/过来"，趋向动词，常见格式为"动词+来/过来"，用在动词"醒"后，表示由睡眠向清醒的过渡。例如：

（1）……人逐渐从熟睡过渡到浅睡，直到醒来。

（2）早晨醒来，我发现窗外正下着大雪。

"过来"，用在动词后，表示回到原来的、正常的状态。例如：

（3）我被一阵吵闹声突然惊醒，过了半天，脑子才清醒过来。

（4）他救了妻子，没救孩子。有的人说他做得对，因为孩子可以再生一个，妻子却不能活过来。

"动词+得/不+过来"，表示能力可以（或不够）做某事，一般多用否定形式。例如：

（5）天上的星星那么多，谁数得过来呀？

（6）最近手头的工作太多了，我都忙不过来了。

● 练一练：完成句子或对话

（1）这棵树有上百年的树龄了，树干很粗，＿＿＿＿＿＿＿＿＿
＿＿＿＿＿＿＿＿＿＿＿＿。（过来）

（2）老师说我文章里的错别字比较多，＿＿＿＿＿＿＿＿＿＿
＿＿＿＿＿＿＿＿＿＿＿＿。（过来）

（3）A: 刘阿姨帮着照顾孙子就够累的了，下个月她女儿的孩子又要出生了。

B: 是啊！＿＿＿＿＿＿＿＿＿＿＿＿＿＿＿。（过来）

2 所

"所"，助词，用在动词前，指称事物。常用在主谓结构中动词的前面，做定语、主语等。例如：

（1）山水画所表现的是人与自然的关系。

（2）……人们对自然醒与被闹钟铃声叫醒所产生的反应是很不相同的。

"有/无 + 所 + 动词"，"所"与后接动词构成短语，做"有、无"的宾语。例如：

（3）调查显示，随着年龄的增大，女性的职场幸福感有所提高。

（4）我和李阳是无所不谈的好朋友。

"所"，还可以做量词，用于住所、机构等。例如：

（5）来自北京一所大学的学生做了关于这个问题的实验。

（6）学校附近就有一所幼儿园，你可以把孩子送到那儿去。

● 练一练：用所学词语改写句子

（1）我有一个建议要送给你，希望它能帮助你。

我有一个建议要送给你，＿＿＿＿＿＿＿＿＿＿＿＿。（所）

（2）孔军是我们县出了名的好医生，这儿的人没有不知道的。

孔军是位出了名的好医生，我们县的人＿＿＿＿＿＿＿＿＿。（所）

（3）他在北京住了五十年，我了解的情况是他非常热爱北京。

他在北京住了五十年，＿＿＿＿＿＿＿＿＿＿＿＿＿。（所）

3 相当

"相当"，动词，表示（数量、条件、情况等）两方面差不多。例如：

（1）……这些能力最多为正常状态的65%，与醉酒者相当。

（2）这种鸟一天所食的害虫相当于自己的体重。

"相当"还可以做副词，表示程度较高。例如：

（3）菜的味道好极了，服务也挺周到，我相当满意。

（4）如果要问人们选择职业时主要考虑的是什么，有相当一部分人会以收入多少作为标准。

● 练一练：完成句子或对话

（1）在最后的比赛中，_____。（相当）

（2）A: 平常也不见你运动锻炼，可身体还这么好。

B: 我每天上下班都爬楼梯，_____。（相当）

（3）A: 公司让我去上班了，你觉得我该不该接受这份工作呢？

B: 这家公司这么有名，_____，你还等什么？（相当）

4 数

"数（shǔ）"，动词，表示查点（数目）或一个个说出（数目）。例如：

（1）我大概数了一下，车上有32个学生。

（2）先生，这是找您的钱，58块6，您数数。

"数……（最）……"或"（最）……的（要/就）数……"，表示计算或比较起来（最……）。例如：

（3）我觉得北京最美、最有名气的公园要数颐和园了。

（4）要说我们班跑得最快的，那就数李阳了。

"数（shù）"，数词，意思是"几、几个"，多用于书面语。例如：

（5）这里夏季的雷阵雨一般可持续数小时或者更久的时间。

（6）这种状态如果持续数天、数周、数月，将导致高血压、失眠和一些精神问题等。

● 练一练：用所学词语改写句子

（1）经过几年的努力，他终于拿到了博士学位。

_____，他终于拿到了博士学位。（数）

（2）据说，四川的峨眉山是中国雾天最多的地方。

_____。（数）

（3）它的听力非常好，水下几公里外的声音它都能清楚地听到。

它的听力非常好，_____。（数）

（二）词语搭配

动词	+	宾语
享受		自由/艺术/人生/美酒/幸福/快乐
导致		错误/失败/失眠/危险
定语	**+**	**中心语**
稳定的/不满的/紧张的		情绪
（关于）家的/童年的/难忘的		记忆
状语	**+**	**中心语**
努力/尽量/主动/故意/完全/永远		避免
准确地/成功地/专门/故意		模仿
中心语	**+**	**补语**
计算		出/出来
改/救/清醒/明白/反应		过来
主语	**+**	**谓语**
精神		愉快/放松/饱满
光线		昏暗/明亮

（三）词语辨析

■■■ 持续—继续

	持续	继续
共同点	都是动词，都有延续不断的意思，但语义相差较大，不能替换。	

	持续	继续
不同点	1. 表示动作连续不断，中间没有停顿。	1. 动作中间可以有停顿。
	如：这场雨持续下了两个多小时。	如：对不起！打扰了，你们继续学习吧。
	2. 能做定语。	2. 不能做定语。
	如：持续的高温让许多老人感到不适。	
	3. 能带时量补语。	3. 一般不能带时量补语。
	如：小明发烧持续三天了，家里人都很着急。	

● **做一做**：选词填空

	持续	继续
（1）真希望刘老师能＿＿＿给我们上课。	×	✓
（2）这次的宣传活动将＿＿＿到9月底。		
（3）不管你是快乐还是难过，生活总要＿＿＿下去。		
（4）朋友是在你失败时，鼓励你＿＿＿前进的人。		

练习 1 选择合适的词语填空
Exercises

所　　享受　　导致　　过渡　　必要　　规律

❶ 在婚姻问题上，听听父母的意见还是很有＿＿＿的。

❷ 由于近一个月来没有降水，＿＿＿河水水位持续下降。

❸ 正如你＿＿＿估计的那样，李岩确实改变了主意。

❹ 擦擦办公桌，整理一下文件，这些都可以让你从放松的休息状态自然＿＿＿到工作状态。

❺ 生命在于运动，有＿＿＿的运动对于身体健康大有好处。

❻ 为了＿＿＿轻松的生活，夫妻俩决定把家搬到这个安静的小镇。

2 选择正确答案

① 实验失败了没关系，打起＿＿＿从头再来。　　　　（A. 情绪　　B. 精神）

② 每晚抽出点儿时间来阅读、学习，坚持＿＿＿年之后，成功就会向你
招手。　　　　　　　　　　　　　　　　　　　　（A. 来　　　B. 数）

③ 作为孩子的父母，我们当然＿＿＿他能成为一个有用的人才。

（A. 愿望　　B. 希望）

④ 他的行为已经严重＿＿＿到了社会安全。　　　　　（A. 危害　　B. 伤害）

3 画线连接可以搭配的词语

（1）		（2）	
享受	灾害	满足	传统
导致	社会	稳定	精神
危害	麻烦	集中	愿望
避免	音乐	重视	情绪

4 根据下面的提示词复述课文内容

内容提示	重点词语	课文复述
自然醒的过程	光线、生物钟、必要、熟睡、浅睡、过渡、醒	
传统闹钟的危害	心慌、失眠、情绪、精神、导致、影响、相当、发病	
"光闹钟"对传统闹钟的改进	自然醒、电子产品、模仿、光线、避免、伤害	

扩展
Expansion

话题	HSK（五级）话题分类词语
家居	抽屉（chōutì）、书架（shūjià）、窗帘（chuānglián）、地毯（dìtǎn）、被子（bèizi）、玩具（wánjù）、日历（rìlì）、日期（rìqī）、包裹（bāoguǒ）

● **做一做**：从上表中选择合适的词语填空

（1）这块＿＿＿＿是去年夏天我和太太去新疆旅游时买回来的，她很喜欢。

（2）李阳很喜欢作家老舍，＿＿＿＿上摆满了他不同时期的作品。

（3）我建议您给孩子买这个＿＿＿＿火车，这个牌子很有名。

（4）我把光盘放在书桌左边的第二个＿＿＿＿里了。

运用
Application

背景分析：

在日常生活中，我们为了让自己能够按时醒来，通常都会给自己定个闹钟，但正如课文中所介绍的那样，闹钟对身体健康有很大的不良影响。有些国家，闹钟被评为他们最讨厌的人类发明之一。这些危害也许以前我们并未了解，或者即使知道也只能无奈地接受。

生活紧张对现代人的生理和心理都产生了很大的危害，因而越来越引起人们的普遍关注。睡眠健康就是人们普遍关心的一个重要方面。如何放松我们的精神，获得一个舒适的睡眠呢？

话题讨论：如何提高睡眠质量

1.你是从什么时候开始使用闹钟的？为什么要用闹钟？

2.本文的观点你认为哪些是有道理的？

3.你有没有关于实现（shíxiàn, to realize）"自然醒"的好的经验或做法？

命题写作：

请以"你真的需要闹钟吗？"为题，谈一谈你的看法。尽量用上本课所学的生词，字数不少于100字。

12 海外用户玩儿微信

Overseas Users of WeChat

你认识照片中的这个人吗？他在干什么？他跟本课的内容有什么关系？

2 你平时主要通过什么方式跟家人或朋友联系？你使用过或正在使用微信这类产品吗？

课文　海外用户玩儿微信　（562字）　💿 12-1
Text

举着手机，边颠着球边拍……国际足球明星梅西用微信直播自己的颠球技术，把手机另一头一个正在哭的小宝贝逗笑。这条30秒的全新广告宣传片在全球15个国家和地区同步上线。

如此大手笔的推广，腾讯自有其底气所在。微信"在海外注册用

生词　💿 12-2

*1.	用户	yònghù　n. user
*2.	颠球	diān qiú to juggle a soccer ball
3.	明星	míngxīng　n. star, celebrity
*4.	直播	zhíbō v. to make a live broadcast
5.	宝贝	bǎobèi　n. baby
6.	逗	dòu　v. to amuse, to tease
7.	宣传	xuānchuán v. to publicize, to promote
*8.	手笔	shǒubǐ n. style (of handling affairs)
9.	推广	tuīguǎng v. to popularize, to promote
10.	注册	zhùcè　v. to register

户已经超过7000万，且在快速增长当中"。7月3日，在北京召开的2013腾讯合作伙伴大会上，腾讯总裁刘炽平言语间充满了骄傲。

2011年1月，微信上线；同年4月，以英文名WeChat正式进入国际市场；2011年12月，实现支持全球100个国家的短信注册；2012年底，覆盖国家和地区超过100个。如今，微信已经覆盖了200多个国家和地区、支持16种外语，是全球使用人数最多的移动通信应用。

在美国互联网企业"称霸"全球的背景下，作为中国自己的移动互联网产品，微信的出现，自然吸引了更多的关注。

被称为"微信之父"的腾讯公司高级副总裁张小龙介绍了微信的发展过程：微信的研究开发工作开展得很早，2010年底，移动互联网刚起步，腾讯广州产品研发中心就开始考虑相关业务。他们清楚地认识到了这样的现实——在个人计算机时代，由于中国互联网的用户数量以及市场成熟程度等都低于

11.	召开	zhàokāi
		v. to hold (a meeting), to convene
12.	合作	hézuò
		v. to cooperate, to work together
13.	伙伴	huǒbàn n. partner
14.	总裁	zǒngcái
		n. president (of a company)
15.	实现	shíxiàn
		v. to realize, to achieve
*16.	覆盖	fùgài v. to cover
17.	移动	yídòng v. to move
*18.	通信	tōngxìn
		v. to communicate
19.	应用	yìngyòng
		v. to apply
20.	企业	qǐyè n. enterprise, company
*21.	称霸	chēngbà
		v. to dominate, to maintain hegemony
22.	背景	bèijǐng n. background
23.	高级	gāojí
		adj. senior, high-ranking
*24.	副	fù adj. deputy, vice
25.	开发	kāifā v. to develop, to exploit
26.	中心	zhōngxīn n. center
27.	相关	xiāngguān
		v. to correlate, to be relevant
28.	业务	yèwù
		n. professional work, business
29.	现实	xiànshí n. reality
30.	个人	gèrén n. individual
31.	以及	yǐjí conj. and also, as well
32.	程度	chéngdù n. degree, level

发达国家，在产品创新上难有领导地位，而移动互联网是一个重新开始的机会。

在经营销售上，微信针对不同的国家和地区，推出了不同的广告片，邀请当地明星和名人代言，收效相当不错。海外用户群中不仅有华裔和新移民，还出现了更多的外国人。

改编自《人民日报·海外版》，作者：张意轩

专有名词

1. 微信　Wēixìn
   WeChat, a messaging and calling app

2. 梅西　Méixī
   Lionel Messi, a famous football player

3. 腾讯　Téngxùn
   Tencent, a Chinese company

4. 刘炽平　Liú Chìpíng
   Liu Chiping, president of Tencent

5. 张小龙　Zhāng Xiǎolóng
   Zhang Xiaolong, senior vice president of Tencent

33. 发达	fādá	adj. developed, advanced
*34. 创新	chuàngxīn	v. to create sth. new, to innovate
35. 领导	lǐngdǎo	n. leader
36. 地位	dìwèi	n. position, status
37. 经营	jīngyíng	v. to manage, to run
38. 销售	xiāoshòu	v. to sell, to market
39. 针对	zhēnduì	v. to be targeted at
40. 当地	dāngdì	n. local, in the locality
*41. 代言	dàiyán	v. to speak on behalf of, to star in a commercial
42. 华裔	huáyì	n. foreign citizen of Chinese origin
43. 移民	yímín	n. immigrant

注释（一）词语例释
Notes ▮1▮ 以及

"以及"，连词，用来连接并列关系的词或词组，连接成分一般有主次或先后的分别。例如：

（1）吃饭时不要用筷子敲打碗、盘子以及桌面。

（2）学校的领导、教师以及一些学生代表观看了演出。

（3）……由于中国互联网的用户数量以及市场成熟程度等都低于发达国家，在产品创新上难有领导地位，……

● 练一练：完成句子或对话

（1）A: 你认为学中文的重要性有哪些？

B: _____。 （以及）

（2）妈妈在电话里问了我很多问题，如北京的天气怎么样，吃饭习惯不习惯，_____。 （以及）

（3）A: 送人礼物的时候要注意些什么？

B: _____。 （以及）

2 程度

"程度"，名词，指某方面达到的水平或层次。例如：

（1）……由于中国互联网的用户数量以及市场成熟程度等都低于发达国家，在产品创新上难有领导地位，……

（2）问题已经发展到了十分严重的程度。

（3）在很大程度上，一个人的未来取决于他所受的教育。

● 练一练：完成句子或对话

（1）_____，你应该马上去看医生。 （程度）

（2）A: _____。 （程度）

B: 我还不能完全理解。

（3）A: 对他提出的意见，你有什么看法？

B: _____。 （程度）

（二）词语搭配

动词	+	宾语
推广		汉语普通话/新技术/产品/经验
注册		公司/邮箱/会员
定语	+	中心语
合作		伙伴/公司/精神
城市/政治/经济/工作/研发		中心

状语	+	中心语
按时/顺利/成功（地）		召开
普遍/大量（地）		应用
中心语	+	补语
开发		出（来）/成功
销售		得……/到……
数量词	+	名词
一家		企业
一笔/项		业务

（三）词语辨析

▇▇ 发达—发展

	发达	发展
共同点	意思有关联，但一般不能换用。	
不同点	1.形容词。	1.动词。
	如：这个城市的经济不太发达。	如：这个城市正在大力发展经济。
	2.形容发展水平很高。	2.指事物的变化。
	如：由于中国互联网的用户数量以及市场成熟程度等都低于发达国家，在产品创新上难有领导地位。	如：中国还是一个发展中国家。

● **做一做**：选词填空

	发达	发展
（1）四川是茶馆文化最_____的地区之一。	✓	✗
（2）人们常说这种动物不聪明，其实它的大脑很_____。		
（3）方便的交通是_____经济的基础。		
（4）她的病情_____得比我们想象的还要快。		

练习
Exercises

1 选择合适的词语填空

逗　合作　推广　业务　召开　注册

① 为了＿＿＿＿这项新产品，公司做了很多宣传。

② 原本定在周三上午＿＿＿＿的会议改时间了。

③ 你做这么多事，难道只是为了＿＿＿＿女朋友开心？

④ 要想在这个网站购物，你必须先＿＿＿＿一个它的邮箱。

⑤ 那个新来的销售员这个月做成了三笔大＿＿＿＿，真厉害！

⑥ 我们跟这家公司＿＿＿＿过两次，很愉快。

2 选择正确答案

① 像这样能够给全社会信心与快乐的事情，我们应该重点＿＿＿＿。

（A. 宣传　B. 推广）

② 要吃中国菜，你首先要学会＿＿＿＿筷子。　（A. 应用　B. 使用）

③ 过了这么多年，我的愿望终于＿＿＿＿了！　（A. 现实　B. 实现）

④ 这是我的＿＿＿＿爱好，跟我学什么专业没有关系。　（A. 个人　B. 自己）

3 给括号里的词选择适当的位置

① 这个问题A是在什么样的背景B提C出D来的？　（下）

② 公司A新B开发C的产品很受D消费者欢迎。　（出）

③ 本店销售A电视、B冰箱、C洗衣机D其他电器。　（以及）

④ A这个问题，B我们C开会讨论了D好几次。　（针对）

4 根据下面的提示词复述课文内容

内容提示	重点词语	课文复述
微信的广告	明星、逗、宣传	
微信的发展情况	总裁、召开、注册、实现、应用	
微信的研发和营销	中心、以及、程度、针对、当地	

扩展
Expansion

话题	HSK（五级）话题分类词语
电脑网络	键盘（jiànpán）、鼠标（shǔbiāo）、光盘（guāngpán）、信息（xìnxī）、硬件（yìngjiàn）、软件（ruǎnjiàn）、数码（shùmǎ）、数据（shùjù）、程序（chéngxù）、系统（xìtǒng）、网络（wǎngluò）、信号（xìnhào）、充电器（chōngdiànqì）

● **做一做**：从上表中选择合适的词语填空

（1）我忘带手机_____了，得节省着用，先关机吧。

（2）汉字是一个整体的_____，字与字之间是有联系的。

（3）调查_____显示，用户们对微信的服务很满意。

（4）喂，您说什么？我听不清。这里_____不太好。

运用
Application

背景分析：

　　人类的科学技术总是在不断（búduàn, continuously）进步，并给我们的生活带来巨大（jùdà, huge）的改变，使之更加轻松、方便。1946年，世界上第一台电子计算机问世（wènshì, to appear），随后，出现了网络技术，到今天，其应用已遍布社会生活的方方面面，全世界已大约有10亿网民，人们用手机就可以随时上网。手机的应用越来越广，许多人把它看作生活中的必备用品。

　　不过，这些科技发明应用在给我们带来许多方便的同时，也产生了一些我们不愿看到的现象：过度的应用造成经济上的浪费，时间的占用使我们忽略（hūlüè, to ignore）了亲友间面对面的交往等等。

讨论话题：科技对生活的影响

1.你是从什么时候开始使用××的？你觉得它在你的生活中重要吗？

2.××给你带来的好处是什么？

3.××对你的生活有什么不好的影响吗？

命题写作：

　　请以"××（网络、手机等）改变我的生活"为题，谈一谈你对这个问题的看法。尽量用上本课所学的生词，字数不少于100字。

放眼世界
Seeing the World

13 锯掉生活的"筐底"
Cutting Off the "Bottom of the Basket" in Life

请从生词表中找出合适的词语写在横线上。

（1）<u>篮板</u>　　　（2）＿＿＿
（3）＿＿＿　　　（4）＿＿＿

2　你喜欢打篮球吗？你知道篮球运动是怎么产生的吗？说说你参加这项运动的情况。

课文
Text

锯掉生活的"筐底"（656字）　13-1

　　篮球运动是1891年由美国马萨诸塞州的体育教师詹姆士·奈史密斯博士发明的。那年的冬天特别冷，奈史密斯所在的训练学校缺乏在室内进行的球类比赛项目，他从当地人把球扔进桃子筐（当地产桃子，各家各户都备有装桃子的专用篮筐）的游戏中得到启发，将两只篮筐分别安装在体育

生词　13-2

*1. 锯(子)　jù(zi)
　　　v./n. to cut with a saw; saw
*2. 筐　kuāng　n. basket
3. 训练　xùnliàn　v. to train
4. 缺乏　quēfá
　　　v. to lack, to be short of
5. 项目　xiàngmù　n. item, project
6. 桃　táo　n. peach
7. 装　zhuāng　v. to load, to hold
8. 启发　qǐfā
　　　v. to enlighten, to inspire
9. 安装　ānzhuāng
　　　v. to install, to fix

馆两边看台的栏杆上，学生分为甲乙两队，以足球为比赛工具向篮内投，按得分多少决定输赢。

这项运动很快流行起来。不过，由于栏杆上固定的是真正的筐，每当球投进时，就得有一个人踩着梯子上去把球取出来。这样的行为必须一再地重复，为此，比赛不得不断断续续地进行，缺少了激烈紧张的气氛，连运动员都不满意，更何况看比赛的球迷呢？为了解决这个问题，大家纷纷出主意，想出了很多取球的办法。有一位工程师甚至专门制造出一种机器，在下面一拉篮筐就能把球弹出来。可是，这些办法都没能让比赛顺畅起来。

几年后的一天，一个上幼儿园的小男孩跟着父亲从一群正在进行篮球比赛的人旁边经过。看到大人们一次次辛苦地取球，小男孩好奇地问父亲："何必这么麻烦呢？把篮筐的底去掉不就行了吗？"多亏了他这句话，人们如梦初醒，一位球员连忙找来一把锯子把篮筐的底锯掉。你瞧，困扰人们很长时间的取球问题就这样被一个小孩子解决了。

*	10.	栏杆	lángān	n. railing, balustrade
	11.	甲	jiǎ	n. first
	12.	乙	yǐ	n. second
	13.	工具	gōngjù	n. tool, instrument
	14.	投篮	tóu lán	v. to shoot (a basket)
	15.	踩	cǎi	v. to step on, to tread on
	16.	一再	yízài	adv. over and over again
	17.	重复	chóngfù	v. to repeat
	18.	断断续续	duànduàn-xùxù	adj. off and on, intermittent
	19.	激烈	jīliè	adj. intense, fierce
	20.	气氛	qìfēn	n. atmosphere
	21.	何况	hékuàng	conj. let alone
	22.	球迷	qiúmí	n. ball game fan
	23.	工程师	gōngchéngshī	n. engineer
	24.	机器	jīqì	n. machine
*	25.	顺畅	shùnchàng	adj. smooth, unhindered
	26.	幼儿园	yòu'éryuán	n. kindergarten
	27.	好奇	hàoqí	adj. curious
	28.	何必	hébì	adv. (*indicating that there is no need for sth.*) why
	29.	多亏	duōkuī	v. luckily, thank to
	30.	连忙	liánmáng	adv. promptly, at once
	31.	瞧	qiáo	v. to look, to see
*	32.	困扰	kùnrǎo	v. to trouble, to haunt

去掉篮筐的底，本是一件简单的事，可为什么那么多人都没有想到呢？说白了，因为我们的思维像篮球一样被篮筐的底挡在了半空中。于是，我们呆呆地去搬梯子、造机器……其实，世界上本来就没有太复杂的事，复杂都是我们自己造成的。生活仿佛篮筐，许多时候，我们需要的只不过是一把锯子，来锯掉那些阻碍我们的"筐底"。

改编自《环球人物》，作者：张前

*33. 思维	sīwéi	n./v. thinking; to think
34. 呆	dāi	adj./v. dull, dumb; to stagnate
35. 造成	zàochéng	v. to cause, to give rise to
36. 仿佛	fǎngfú	adv./v. as if; to be like, to be similar to
*37. 阻碍	zǔ'ài	v. to hinder, to impede

专有名词

1. 马萨诸塞州	Mǎsàzhūsài Zhōu	Massachusetts
2. 詹姆士·奈史密斯	Zhānmǔshì Nàishǐmìsī	James Naismith

注释（一）词语例释

Notes 1 何况

"何况"，连词，用反问的语气表示更进一层，或根据前句的表述，后句的结论是显而易见的，有"不用说"的意味。例如：

（1）……缺少了激烈紧张的气氛，连运动员都不满意，更何况看比赛的球迷呢？

（2）北京的发展变化太快，我这个土生土长的老北京还常迷路呢，何况你一个外地人。

"何况"还可表示补充另一种理由。例如：

（3）这辆车外观漂亮，安全性高，又何况价钱也就比上次看的那辆贵了几千块，小王有点儿动心了。

（4）上海冬天没有暖气，屋子里冷得让人伸不出手，何况李阳还是病人，自然是受不了的。

● 练一练：完成句子或对话

（1）这段山路比较危险，＿＿＿＿＿＿＿＿＿＿＿＿＿＿＿＿＿＿，
还是让我来开吧。 （何况）

（2）A：这烤鸭不是你最爱吃的吗？今天怎么一口都不吃？

　　B：我正在减肥，连＿＿＿＿＿＿＿，＿＿＿＿＿＿呢？ （何况）

（3）A：你原来不是很爱逛商场的吗？现在怎么都在网上买衣服了？

　　B：＿＿＿＿＿＿＿＿＿＿＿＿＿＿＿＿＿＿＿？ （何况）

2 何必

"何必"，副词，用反问的语气表示不需要，不必。例如：

（1）何必这么麻烦呢？把篮筐的底去掉不就行了吗？

（2）食堂楼下就有个小超市，何必去学校外边呢？

（3）你何必亲自送一趟呢？叫个快递不就行了？

● 练一练：完成句子或对话

（1）早知道你就有这本书，＿＿＿＿＿＿＿＿＿＿＿＿＿？ （何必）

（2）既然她已经拒绝了你，你＿＿＿＿＿＿＿＿＿＿呢？ （何必）

（3）A：你回家等我吧，我先去超市买点儿肉、蔬菜什么的。

　　B：＿＿＿＿＿＿＿＿＿＿＿＿＿＿＿＿＿＿＿。 （何必）

3 多亏

"多亏"，动词，由于别人的帮助或某种有利因素，避免了不幸或得到了好处。例如：

（1）多亏了他这句话，人们如梦初醒。

（2）赵老师，谢谢您，多亏您给我那瓶药，很管用。

（3）今天搬家多亏有你在，你可帮我大忙了。

● 练一练：完成句子或对话

（1）＿＿＿＿＿＿＿＿＿＿，要不今天的飞机我准赶不上了。 （多亏）

（2）A：星期五晚上你不是和朋友约好了见面吗？

　　B：哎呀！＿＿＿＿＿＿＿＿＿＿＿＿＿＿＿＿。 （多亏）

（3）A：＿＿＿＿＿＿＿＿＿＿＿＿＿＿＿＿＿＿。 （多亏）

　　B：是啊，医生说再过一个星期妈妈就能出院了。

（二）词语搭配

动词	+	宾语
缺乏		人才/教师/材料/知识/工具/勇气/信心
造成		困难/影响/浪费/危害/失眠/紧张
定语	**+**	**中心语**
激烈的		比赛/争吵/战争/运动
家庭的/政治/节日/学习的/谈话的		气氛
状语	**+**	**中心语**
认真地/紧张地/艰苦地/严格地		训练
简单地/完全/准确地		重复
中心语	**+**	**补语**
踩		破/伤/断/碎
瞧		见/得起/不起/得上/不上

（三）词语辨析

▇ 激烈—强烈

	激烈	强烈
共同点	都是形容词，都有势猛、厉害的意思。	
	如:我不顾父母的激烈/强烈反对，偷偷地报考了表演专业。	
不同点	1.词义侧重尖锐紧张。	1.词义侧重强劲有力。
	如：人类最早什么时候开始用火，一直是学者激烈争论的问题。	如：文章发表以后立刻引起了读者的强烈反响。
	2.多用于形容言论、情绪或比赛、斗争等。	2.多用于形容光线、电流、色彩、气味或人的感情、思想、要求等。
	如：人在激烈运动时，会出很多汗。	如：这里夏天尽管阳光的照射很强烈，但白天气温很少超过35℃。

● **做一做：**选词填空

	激烈	强烈
（1）这种蔬菜有_____的香味，它既可以生吃，又可熟食。	×	✓
（2）明天我去一家公司面试，听说竞争很_____。		
（3）当晚的比赛紧张、_____，两队都打出了很高的水平。		
（4）学生们_____要求重新安排考试。		

练习
Exercises

1 选择合适的词语填空

重复　　造成　　气氛　　缺乏　　仿佛　　连忙

❶ 今天的晚会你们组织得相当好，_____搞得轻松愉快。

❷ 一觉醒来发现已经8点多了，李阳_____穿好衣服往公司赶。

❸ 他一边听，一边在本子上记着什么，_____对我的发言挺感兴趣似的。

❹ 心理学家指出，一个人的动作或想法，如果_____二十一天就会形成习惯。

❺ 每天大量饮酒确实给我的身体健康_____了很大的伤害。

❻ 在食物_____的季节，动物为了活下去就只能多睡觉。

2 选择正确答案

❶ 要整理的东西太多了，你看，这个箱子根本_____不下。

（A. 装　　B. 安装）

❷ 昨晚我失眠了，睡不着就躺着_____书，结果不知不觉天就亮了。

（A. 瞧　　B. 看）

❸ 即使在现代社会里，故事仍然是人们生活中不可_____的一部分。

（A. 缺少　　B. 缺乏）

❹ 你们知道中国人除夕夜守岁、放鞭炮的风俗是怎么_____的吗？

（A. 形成　　B. 造成）

3 给括号里的词选择适当的位置

① 您 A 多画点儿画儿多好，B 把时间 C 浪费在这些人的身上 D？ （何必）

② A 年轻人 B 恐怕都受不了，C 一个 D 有病的老人呢？ （何况）

③ A 你提醒，B 要不 C 我肯定忘了 D 下午还要开会。 （多亏）

④ A 经历了那件事后，B 我 C 一夜之间长大 D 成人了。 （仿佛）

4 根据下面的提示词复述课文内容

内容提示	重点词语	课文复述
篮球运动的发明	训练、缺乏、启发、项目、安装	
取球的烦恼	断断续续、一再、激烈、气氛、制造、机器	
问题的解决	幼儿园、好奇、何必、锯	

扩展
Expansion

话题	HSK（五级）话题分类词语
体育	太极拳（tàijíquán）、球迷（qiúmí）、武术（wǔshù）、纪录（jìlù）象棋（xiàngqí）、教练（jiàoliàn）、对手（duìshǒu）、冠军（guànjūn）、决赛（juésài）

● **做一做**：从上表中选择合适的词语填空

（1）_____是中国传统的体育项目，_____是其中重要的组成部分。

（2）我认识一位大学的体育老师，他_____下得可棒了。

（3）打羽毛球你可不是我的_____，不管打多少场你也赢不了。

（4）他决心苦练一年，好在下次比赛时打败对方，拿回_____的奖杯。

运用
Application

背景分析：

中国有句话："饭后走一走，活到九十九；饭后趴一趴（pā, to lie on one's stomach），活到一百八。"前者主张（zhǔzhāng, to advocate）运动，活到了九十九岁；后者主张静止，却活到了一百八十岁。当然这只不过是句笑话，但是大多数人还是认为，生命在于运动！

运动必须因人、因时、因环境而论，身体的强弱（qiángruò, strong or not）决定了运动的强弱。体弱者不要做过于激烈的运动；体强者也不可自以为身体好，就做超量的运动，这样也会对身体造成伤害。早晚时差，环境不同，也决定了运动时间的长短、运动方式的不同。运动仿佛长流之水，贵在坚持。

话题讨论：**运动与健康**

1. 你喜欢的运动是什么？你是怎么接触（jiēchù, to come into contact with）到并喜欢上它的？
2. 进行这项运动有什么要求或条件？它的好处或优点是什么？
3. 介绍一下现在你参加这项运动的情况以及它给你的生活带来什么影响。

命题写作：

请以"我喜欢的一项运动"为题，谈一谈你的看法。尽量用上本课所学的生词，字数不少于100字。

14 北京的四合院
Quadrangle Courtyards in Beijing

下面图片中的建筑，你知道哪些？请说一说它们分别是哪个国家的。

2 你知道中国北京的四合院吗？参观过的话，请给老师和同学们讲一讲。

课文 北京的四合院 （617字） 💿 14-1
Text

四合院，是中国华北地区民居中的一种组合建筑形式。所谓四合，"四"指东、西、南、北四面，"合"就是四面房屋围在一起，中间形成一个方形的院子。四合院在中国汉族民居中历史最悠久，分布最广泛。不过，只要人们一提到四合院，便自然会想到北京四合院，这是因为传统的北京四合院都有一套固定的样式，十

生词 💿 14-2

*1. 四合院　sìhéyuàn
　　　n. quadrangle courtyard
*2. 民居　mínjū　n. civilian dwelling
3. 组合　zǔhé
　　　v./n. to combine; combination
4. 建筑　jiànzhù
　　　n. building, architecture
5. 形式　xíngshì　n. form, mode
6. 所谓　suǒwèi　adj. so-called
7. 方　fāng　adj. square
8. 广泛　guǎngfàn
　　　adj. wide, extensive
9. 样式　yàngshì　n. style, pattern

分具有代表性，在各种各样的四合院中，北京四合院可以代表其主要特点。

　　北京有各种规模的四合院。最简单的四合院只有一个院子，比较复杂的有两三个，而有钱人家的，通常是由好几座四合院并列组成的。大门一般开在东南角或西北角，院中的北房是正房，比其他房屋的规模大，一般包括长辈的卧室和具备日常起居、接待客人等功能的客厅。院子的两边是东西厢房，是晚辈们生活的地方。在正房和厢房之间建有走廊，可以供人行走和休息。院子是十分理想的室外生活空间。有的人家喜欢种草、养花、种竹子，有的人家则喜欢用大盆养金鱼。院子不仅拉近了人与自然的关系，也让家里人在此得到了感情的交流，对创造生活情趣起了很大作用，因而最为人们所喜爱。

10. 代表　　dàibiǎo
　　　　n./v. typical case; to represent

11. 通常　　tōngcháng　　adv. usually

*12. 并列　　bìngliè
　　　　v. to stand side by side

13. 组成　　zǔchéng
　　　　v. to form, to constitute

14. 长辈　　zhǎngbèi
　　　　n. senior member of a family

15. 具备　　jùbèi　　v. to have, to possess

16. 日常　　rìcháng　　adj. day-to-day, daily

*17. 起居　　qǐjū　　n. daily life

18. 接待　　jiēdài
　　　　v. to receive (sb.), to entertain

19. 功能　　gōngnéng　　n. function

*20. 厢房　　xiāngfáng　　n. wing, wing room

*21. 走廊　　zǒuláng
　　　　n. corridor, passageway

22. 空间　　kōngjiān　　n. space

*23. 种　　zhòng　　v. to plant, to grow

24. 竹子　　zhúzi　　n. bamboo

25. 则　　zé
　　　　conj. (indicating contrast) while

*26. 金鱼　　jīnyú　　n. goldfish

27. 创造　　chuàngzào
　　　　v. to create, to produce

*28. 情趣　　qíngqù
　　　　n. emotional appeal, interest

29. 因而　　yīn'ér　　conj. therefore, thus

30. 为　　wéi
　　　　prep. (often used together with "所") by (sb.)

只要关闭起大门，四合院内便形成一个封闭式的小环境。住在四合院里的人不常与周围的邻居打交道。在小院里，一家人过着与世无争的日子，充分享受家庭的乐趣，自然有一种令人感到自在亲切的气氛。但也有多户合住一座四合院的情况，被称为"大杂院"，住户多为普通劳动人民。邻里之间有时虽然也有矛盾，但更多时候是互帮互助，不是亲人胜过亲人，这种浓浓的情感是许多老北京人无法忘记的。

改编自百度文库《建筑欣赏之四合院》

31.	关闭	guānbì	v. to close, to shut
*32.	封闭	fēngbì	v. to close, to seal
33.	打交道	dǎ jiāodào	
			to make contact with
34.	日子	rìzi	n. life, livelihood
35.	充分	chōngfèn	
			adj. ample, sufficient
36.	令	lìng	v. to make, to cause
37.	亲切	qīnqiè	
			adj. warm, cordial, affectionate
38.	劳动	láodòng	
			n./v. work, labor; to work, to do physical labor
39.	人民	rénmín	n. people
40.	矛盾	máodùn	
			n./adj. conflict; conflicting
41.	浓	nóng	adj. strong, deep

专有名词

| 华北 | Huáběi | North China |

注释（一）词语例释

Notes 1 所谓

"所谓"，形容词，表示通常所说的，多用于提出需要解释的词语。例如：

（1）很多时候，烦恼是自己找来的，这就是所谓的"自寻烦恼"。

（2）所谓四合，"四"指东、西、南、北四面，"合"就是四面房屋围在一起，中间形成一个方形的院子。

"所谓"还指某些人所说的，多表示不同意、不承认。例如：

（3）他所谓的"新闻"，其实我们早就知道了！

（4）现在市场上所谓的"健康食品"其实没有统一的标准。

● **练一练**：完成句子或对话

（1）四面房屋围在一起，中间形成一个方形的院子，＿＿＿＿＿＿＿＿＿

（所谓）

＿＿＿＿＿＿＿＿＿＿＿。

（2）A: 这么长时间没回家了，回去后感觉怎么样？

B: _____。 （所谓）

（3）这次考试怎么又这么差？ _____！ （所谓）

2 则

"则"，量词，用于成篇或成条的短小文字。例如：

（1）在第七课，我们学习了两则成语故事。

（2）今天的报纸上有一则非常重要的新闻。

"则"，连词，常见结构为"A……，（而）B则……"，表示前后两项的对比。例如：

（3）猫享受独处的快乐，而狗则是希望和别人分享快乐。

（4）有的人家喜欢种草、养花、种竹子，有的人家则喜欢用大盆养金鱼。

"则"还表示因果关系，常用于书面语，相当于口语中的"就"。例如：

（5）北京的冬天，有风则寒，无风则暖。

（6）"欲（yù, to want）速则不达"，人生不能总是要求"快"，其实，"慢"也是一种生活的艺术。

● 练一练：完成句子或对话

（1）A: 最近你读了什么有意思的书吗？

B: _____。 （则－量词）

（2）A: 你知道中国北方人和南方人吃饭的习惯有什么不同吗？

B: _____。 （则－连词）

（3）一项调查显示，只有37%的人愿意回到没有手机的时代，____

_____。 （则－连词）

3 为……所……

"为……所……"，固定结构，多用于书面语，此处"为"表示"被"的意思。例如：

（1）认识他的人，没有人不为他认真的工作态度所感动。

（2）有了科学，大自然就可以更好地为人所用。

（3）院子不仅拉近了人与自然的关系，也让家里人在此得到了感情的交流，对创造生活情趣起了很大作用，因而最为人们所喜爱。

● 练一练：完成句子或对话

（1）这个老师＿＿＿＿＿＿＿＿，＿＿＿＿＿＿＿。 （为……所……）

（2）在这座小城，她＿＿＿＿＿＿＿＿，因为她把这里的每一位老人都当成家人来照顾。 （为……所……）

（3）A: 你知道梅西这个人吗？

　　B: ＿＿＿＿＿＿＿＿＿＿＿。 （为……所……）

4 起

"起"，动词，"动词＋起"表示连接、结合和固定。例如：

（1）拉起手，我们就是好朋友。

（2）只要关闭起大门，四合院内便形成一个封闭式的小环境。

（3）对公司来说，最重要的是建立（jiànlì, to establish）起一套行之有效的制度。

● 练一练：完成句子

（1）他拉起我的手，＿＿＿＿＿＿＿＿＿＿＿＿＿。

（2）我们两国＿＿＿＿＿＿＿＿＿＿＿＿＿。 （动词＋起）

（3）这是我们自己家的事，应该＿＿＿＿＿＿＿＿。 （动词＋起）

（二）词语搭配

动词	＋	宾语
有/具备		……（的）功能
创造		文字/历史/机会/条件/ 奇迹/美好生活
产生/有/闹		矛盾
定语	＋	中心语
日常		生活/工作/用品/用语
重要的/幸福的/困难的/与世无争的		日子

状语	+	中心语
广泛（地）		调查/研究/应用/流行/分布/关注
中心语	+	补语
组合		起来/到一起/成……
矛盾		极了
主语	+	谓语
兴趣/爱好/知识/内容		广泛
准备/理由（lǐyóu, reason）		充分

（三）词语辨析

■■■ 通常—常常

	通常	常常
共同点	都表示经常发生同样的动作行为，在有些句子里可以换用，但强调的意思不同。	
	如：我通常/常常在学校外面那个超市买东西。	
不同点	1. 强调动作行为有规律。	1. 强调动作行为多次出现。
	如：有钱人家的，通常是由好几座四合院并列组成的。	如：他成绩很好，常常受到表扬。
	2. 形容词，可以做定语。	2. 副词，不可以做定语或修饰小句。
	如：我们通常的做法都是这样的。	如：他常常去上海出差，对上海很熟悉。

● **做 — 做**：选词填空

	通常	常常
（1）她_____在家帮妈妈干活儿。	×	✓
（2）_____除夕晚上都要放鞭炮、吃饺子。		
（3）在_____情况下，火车是不会晚点的。		
（4）周末他_____去父母家过。		

练习 **1** 选择合适的词语填空
Exercises

浓　　广泛　　具备　　矛盾　　日常　　组合

❶ 现在的手机都_____很多功能，不再只是个打电话的工具。

❷ 刚开始学中文的时候，我学的主要是一些_____用语。

❸ 今天雾很_____，对面的建筑都看不清了。

❹ 这个问题需要进行_____调查，然后才能做出决定。

❺ 这本书是由三个部分_____起来的。

❻ 老人家里有两个儿子，他们俩常常闹_____。

2 选择正确答案

❶ 手机已经成为人们生活中的重要_____部分。　　（A. 组成　B. 组合）

❷ 他的兴趣爱好非常_____，跟谁都能聊到一块儿。　（A. 广大　B. 广泛）

❸ 他坚持锻炼，_____身体很好。　　　　　　　　　（A. 因而　B. 反而）

❹ 是那位工程师_____我把机器安装在这儿的。　　　（A. 令　　B. 让）

3 画线连接可以搭配的词语

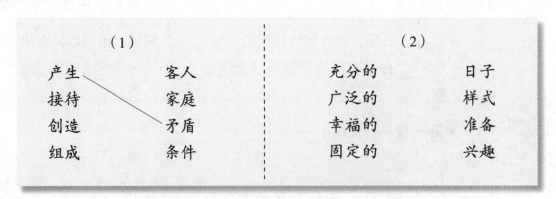

（1）		（2）	
产生	客人	充分的	日子
接待	家庭	广泛的	样式
创造	矛盾	幸福的	准备
组成	条件	固定的	兴趣

4 根据下面的提示词复述课文内容

内容提示	重点词语	课文复述
什么是四合院	建筑、所谓、广泛	
北京四合院的结构与功能	规模、通常、功能、空间、则、因而、为	
四合院的人际关系	起、打交道、令、矛盾	

扩展
Expansion

话题	HSK（五级）话题分类词语
建筑	屋子（wūzi）、卧室（wòshì）、阳台（yángtái）、台阶（táijiē）、墙（qiáng）、玻璃（bōli）、宿舍（sùshè）、公寓（gōngyù）、单元（dānyuán）、隔壁（gébì）、大厦（dàshà）、广场（guǎngchǎng）

● 做一做：从上表中选择合适的词语填空

（1）这套房子除了客厅、卧室、厨房、卫生间，还有两个大_____。

（2）我在外面租了套公寓，但下学期我想搬到学校_____去住。

（3）我家住在学知小区一号楼二_____403。

（4）她就住在我家_____，是我的邻居。

背景分析：

有人曾说："生活中不是缺少美，而是缺少发现美的眼睛。"美在生活中随处可见，建筑之美就是其中一个重要的组成部分。在世界各地旅行，我们可以欣赏（xīnshǎng, to enjoy）到不同的建筑，从中也可以了解到各地不同的历史、文化、风俗等，具有传统特色（tèsè, distinctive feature）的建筑是一个国家、一个城市的记忆，四合院就是中国建筑的一个代表作。许多外国或外地游客来到北京旅游时，都会专门去看看北京的胡同和四合院。

讨论话题：**建筑与旅游**

1. 你最喜欢（或印象最深）的建筑是什么？你是怎么知道它的？
2. 介绍一下你了解到的情况。
3. 介绍一下你通过旅行这种方式来了解各地建筑的感受及收获。

命题写作：

请以"我眼中最美的中国建筑"为题，介绍一下你了解到的或在中国旅行时亲眼所见的印象最深的一处建筑。尽量用上本课所学的生词，字数不少于100字。

15 纸上谈兵

Being an Armchair Strategist

热身 1
Warm-up

战国末期，秦国渐渐强大，最后打败其他六国，统一了中国。这段时期的历史你了解吗？请从图中找到秦国和赵国的位置。

2 请从生词表中找出与军事有关的词语写在横线上，并说说它们是什么意思。

名词：军事 ＿＿＿ ＿＿＿

动词：＿＿＿ ＿＿＿ ＿＿＿

课文
Text

纸上谈兵 （639字） 🔘 15-1

　　两千七百多年前的战国末期，赵国名将赵奢有个儿子叫赵括，他从小读了不少兵书，跟别人谈论起军事来，没有人说得过他，就是父亲赵奢也难不住他。赵括因此很骄傲，自以为天下无敌，连父亲也不放在眼里。

　　但是赵奢心里明白，自己的儿子虽然对军事理论都很了解，但是没有实际作战的经验，想法很不符合实际。他曾经偷偷对妻子说："儿子的毛病是只会讲大道理，缺乏实际锻炼，不能当大将。如果让他当了大将，迟早会害了赵国。"

生词 🔘 15-2

*1. 纸上谈兵　zhǐshàng-tánbīng
　　　　　　to be an armchair strategist
2. 军事　jūnshì　n. military affairs
3. 敌（人）　dí (rén)　n. enemy
4. 理论　lǐlùn　n. theory
5. 作战　zuòzhàn　v. to fight a battle
6. 毛病　máobing
　　　　n. shortcoming, weakness
7. 道理　dàolǐ　n. principle, theory
8. 迟早　chízǎo　adv. sooner or later

几年后，赵奢去世了。这一年正好秦国军队来打赵国，赵国派老将廉颇带20万大军迎战。廉颇根据敌强我弱的形势，命令士兵们坚守阵地，绝对不可主动出战。秦军多次挑战，骂他是胆小鬼，他还是不出兵。这个办法果然非常有效，成功地把秦军拦在了国门之外。渐渐地，秦军无法快速取得胜利，粮食也快没了，有些坚持不住了。

秦人深知廉颇善于用兵，如果想在短期内打败赵国，必须想办法叫赵国把廉颇调回去。于是，他们在赵国四处散布谣言，说秦军最怕赵括，别的人都不放在眼里。

这时，赵王正因廉颇闭门不战而生气呢，听到外面的那些谣言，果然上当了，他派赵括去换回廉颇。赵括的母亲再三阻止赵王任命儿子为大将，说他还没有独立带兵作战的资格。可是，糊涂的赵王哪里听得进去！

* 9.	军队	jūnduì	n. army
10.	派	pài	v. to send, to assign, to appoint
11.	弱	ruò	adj. weak
12.	形势	xíngshì	n. situation, state of affairs
13.	命令	mìnglìng	v./n. to command; order
* 14.	守	shǒu	v. to guard, to defend
* 15.	阵地	zhèndì	n. position, front
16.	绝对	juéduì	adv./adj. absolutely, definitely; absolute
17.	主动	zhǔdòng	adj. on one's own initiative
18.	挑战	tiǎozhàn	v./n. to challenge, to battle; challenge
19.	骂	mà	v. to curse, to call names
20.	胆小鬼	dǎnxiǎoguǐ	n. coward
21.	胜利	shènglì	v. to win a victory
* 22.	调（动）	diào (dòng)	v. to transfer, to shift
* 23.	散布	sànbù	v. to spread, to disseminate
* 24.	谣言	yáoyán	n. rumor
25.	上当	shàng dàng	v. to be taken in, to be deceived
26.	再三	zàisān	adv. again and again
27.	阻止	zǔzhǐ	v. to stop, to prevent
* 28.	任命	rènmìng	v. to appoint
29.	独立	dúlì	v. to be on one's own
30.	资格	zīgé	n. qualification
31.	糊涂	hútu	adj. muddleheaded

公元前260年，赵括带兵出战。一直盲目自信、轻视秦军的他完全改变了廉颇的作战方案，死搬兵书上的理论，主动进攻秦军，结果数十万赵军全部被杀，丢掉了宝贵的生命。

这就是成语"纸上谈兵"的故事。现在常用这个成语讽刺那些只会空谈理论的人，提醒大家做事一定要灵活，要注意理论联系实际。

32.	公元	gōngyuán	n. Christian era
*33.	盲目	mángmù	adj. blind, ignorant
34.	轻视	qīngshì	v. to look down upon, to belittle
35.	方案	fāng'àn	n. plan, scheme
*36.	进攻	jìngōng	v. to attack, to assault
37.	宝贵	bǎoguì	adj. precious, valuable
38.	讽刺	fěngcì	v. to satirize
39.	灵活	línghuó	adj. flexible, elastic

专有名词

1.	战国	Zhànguó	Warring States Period (475 B.C.—221 B.C.)
2.	赵国	Zhàoguó	State of Zhao
3.	赵奢	Zhào Shē	Zhao She, a famous general
4.	赵括	Zhào Kuò	Zhao Kuo, son of Zhao She
5.	秦国	Qínguó	State of Qin
6.	廉颇	Lián Pō	Lian Po, a famous general

注释（一）词语例释

Notes 1 过

"过"，趋向动词，读 guò，常用格式为"动词 + 得/不 + 过"，做补语，表示胜过的意思。例如：

（1）……跟别人谈论起军事来，没有人说得过他，……

（2）年轻人记忆力好，这一点我比不过你们。

（3）我们的原材料贵，人工费用高，产品在价格上肯定竞争不过他们。

● **练一练**：完成句子或对话

（1）李阳受过专业训练，＿＿＿＿＿＿＿＿＿＿＿＿＿＿＿＿＿＿＿＿＿＿。

（2）老张尽管是五十多岁的人了，可干起活儿来，＿＿＿＿＿＿＿＿＿

＿＿＿＿＿＿＿＿＿＿＿＿＿＿＿＿＿＿＿。 （过）

（3）A: ＿＿＿＿＿＿＿＿＿＿＿＿＿＿＿＿＿＿＿＿＿＿＿。 （过）

B: 你是哥哥，妹妹还小，不懂事，你得让着她点儿。

2 迟早

"迟早"，副词，后边常跟动词，表示某种动作或事情早晚会发生。例如：

（1）如果让他当了大将，迟早会害了赵国。

（2）随着网络技术的发展，这些问题迟早都会得到解决。

（3）如果不重视技术研究和产品开发，我们迟早会被别人挤出市场。

● **练一练**：完成句子或对话

（1）王教练可严格了，你这种不认真的态度＿＿＿＿＿＿＿＿＿＿＿＿

＿＿＿＿＿＿＿＿＿＿＿＿＿＿＿＿。 （迟早）

（2）A: 你说刘方为什么就不能原谅我呢？

B: 你别难过，＿＿＿＿＿＿＿＿＿＿＿＿＿＿＿＿＿＿＿＿。 （迟早）

（3）A: 怎么，签证被拒签的事你还没告诉她吗？

B: ＿＿＿＿＿＿＿＿＿＿＿＿＿＿＿＿＿＿＿＿＿＿＿。 （迟早）

3 再三

"再三"，副词，意思是"一次又一次"。后边常跟动词，有时还可用在不带宾语的动词后面。例如：

（1）赵括的母亲再三阻止赵王任命儿子为大将，……

（2）我最近这段时间特别忙，实在没时间参加小王的活动，可他再三邀请，出于礼貌，我只好答应了。

（3）朋友请他做公司的总经理，他考虑再三，最后还是客气地拒绝了。

● 练一练：完成句子或对话

（1）_____，他只好答应周末带她去玩儿。　　　　　　　　　　　　　　　　　　（再三）

（2）_____，决定自己亲自跑一趟。　　　　　　　　　　　　　　　　　　　　　　（再三）

（3）A: 这么有名的大专家居然也让你们校长请来了？

B: _____。　　　（再三）

（二）词语搭配

动词	+	宾语
轻视		对方/科学/成果/工作/知识
善于		学习/发现/总结/表达/分析
定语	**+**	**中心语**
糊涂的		孩子/领导/话/看法/脑子
宝贵的		机会/生命/经验/意见/时间
状语	**+**	**中心语**
独立（地）		生活/分析/工作/完成/发展/开发/领导
主动（地）		表示/提出/建议/反映/帮助/解决/联系/学习/宣传/提供
主语	**+**	**谓语**
形势		好转/乐观/危险/严重/紧张
毛病		多/（被）克服

（三）词语辨析

■■ 胜利—成功

	胜利	成功
共同点	都是动词，都表示达到预想的目的。	
	如：北京胜利/成功地举办了2008年夏季奥运会。	
不同点	1. 表示工作等达到预想的目的时，一般做状语。	1. 不仅用于工作、事业方面，还可用于其他方面。可以做状语，也可以做谓语。
	如：经过一年多的努力，我们胜利地完成了调查工作。	如：经过艰苦的努力，实验终于成功了。
	2. 还有在战争或比赛中打败对方的意思。	2. 没有打败对方的意思。
	如：谁坚持到最后，谁就是这场比赛的胜利者。	
	3. 没有让人满意的意思，不能做补语。	3. 是形容词，有让人满意的意思，可做补语。
		如：这部电视剧拍得很成功，在全国播出后，受到观众的喜爱。

● **做一做**：选词填空

	胜利	成功
（1）这项实验如果研究_____，将给成千上万的病人带来希望。	×	✓
（2）得民心者才会赢得这场战争的_____。		
（3）她_____地说服丈夫放弃了搬家的打算。		
（4）座谈会开得很_____，大家交换了意见，增进了理解。		

练习 **1** 选择合适的词语填空
Exercises

宝贵　　阻止　　善于　　独立　　挑战　　糊涂

① 我见朋友的小孩怎么也打不开房门，就想帮他，却被朋友_____了。

② 任何经验都是_____的，但并不是任何时候都是有效的。

③ 社会上的成功人士，有不少都_____记住别人的名字。

④ 你这脑子可真_____，银行卡的密码怎么能忘了呢？

⑤ 跳伞运动以自身的惊险和_____性，被世人称为"勇敢者的运动"。

⑥ 家长应尽量创造一个能让孩子_____生活和学习的环境。

2 选择正确答案

① 我_____以为这一生我只能做一个普普通通的工人了。

（A. 曾经　　B. 已经）

② 师傅，最近我这车出了点儿_____，空调总是不太凉。

（A. 缺点　　B. 毛病）

③ 父母给我讲了许多做人的_____，对我的影响很大。

（A. 理论　　B. 道理）

④ 我相信这样的安排他是_____不会同意的。　（A. 绝对　　B. 完全）

3 画线连接可以搭配的词语

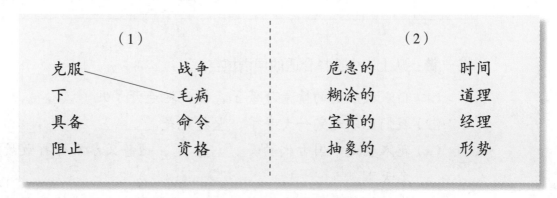

（1）

克服　　　　战争
下　　　　　毛病
具备　　　　命令
阻止　　　　资格

（2）

危急的　　　　时间
糊涂的　　　　道理
宝贵的　　　　经理
抽象的　　　　形势

4 根据下面的提示词复述课文内容

内容提示	重点词语	课文复述
赵括的军事才能	军事、理论、说得过、骄傲、缺乏、毛病	
廉颇的战术	弱、形势、命令、主动、挑战、坚守	
赵王上当	糊涂、上当、谣言、阻止、资格	
赵括之死	自信、轻视、宝贵、理论、实际	

扩展
Expansion

话题	HSK（五级）话题分类词语
军事	枪（qiāng）、射击（shèjī）、英雄（yīngxióng）、士兵（shìbīng）、敌人（dírén）、战争（zhànzhēng）、胜利（shènglì）

● **做一做**：从上表中选择合适的词语填空

（1）猎人被眼前的情景吓傻了，慌乱地连开了几_____。

（2）我们已经走完一大半了，坚持就是_____。

（3）花木兰是中国古代的女_____，她替父参军并打败敌人，从而闻名天下。

（4）在1896年的奥运会上，_____就被列为了正式比赛项目。

运用
Application

背景分析：

中国古代著名的兵书《孙子兵法》中有句话叫"兵者，诡（guǐ）道也"。意思是说，用兵的方法在于千变万化、出其不意，最重要的是运用各种方法迷惑（míhuò, to confuse）敌人。

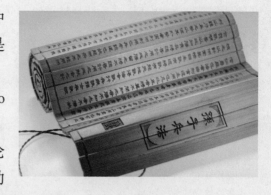

这句话给我们最大的启发就是，理论是可以指导（zhǐdǎo, to guide）我们的行动的，但处理问题时，实际情况又是千变万化的，脱离（tuōlí, to be divorced from）实际空谈理论往往解决不了问题。

话题讨论：**理论与实际的关系**

1.赵括算不算一位出色的军事家？你认为赵括的死是什么原因造成的？

2.赵括的死给你最大的启发是什么？

3.请举一个生活中类似的例子，并说说我们在生活中应该注意什么。

命题写作：

请以"从赵括之死想到的"为题，谈一谈你对这篇历史故事的看法。尽量用上本课所学的生词，字数不少于100字。

修养身心

Cultivating Physical and
Mental Health

Unit

6

16 体重与节食
Weight and Diet

看图片，说说你想到的与这张图片有关的词语。

名词/形容词：<u>体重</u> ＿＿＿ ＿＿＿

动词：＿＿＿ ＿＿＿ ＿＿＿

2 说说你知道的节食方法。你认为哪种更有效？

课文
Text

体重与节食 （627字） 🔊 16-1

据报道，医学专家进行了一项新研究，研究发现：由于人们在一周内的营养摄入和饮食模式会影响到他们的体重变化，因此节食者的体重会在一周内上下波动。

总共有80名年龄在25-62岁之间的成年人参与了这项研究。研究人员根据他们的相对体重变化将其分为三种类型：体重减轻者、体重增加者和体重保持者。这些成年人在每天起

生词 🔊 16-2

1. 节食 jiéshí v. to go on a diet
2. 报道 bàodào
   n./v. to report, to cover; report
3. 营养 yíngyǎng n. nutrition
*4. 摄入 shèrù v. to take in, to ingest
*5. 模式 móshì n. model, pattern
*6. 波动 bōdòng
   v. to undulate, to rise and fall
7. 总共 zǒnggòng
   adv. altogether, in total
8. 参与 cānyù v. to take part in
9. 人员 rényuán n. personnel, staff
10. 相对 xiāngduì
    adj. relative, comparative
11. 类型 lèixíng n. type, category

床之后、早餐之前称一下自己的体重，为了保证可靠性，只有那些至少连续7天以上称过体重的人才会被纳入分析。对这些志愿者的跟踪调查时间最短为15天，最长为330天。

　　研究成果显示：这些人的体重变化表现出清晰的模式，即周末之后体重升高，在工作日体重减轻（周五达到最低点）。研究人员还意外地发现，体重减轻者和体重增加者在体重波动模式上存在着明显不同。体重减轻者会表现出较强的补偿模式，即在周末之后体重立即下降，这一下降趋势直至周五结束；而体重增加者每天的体重都会存在差异，他们在工作日的体重并无明显减轻。

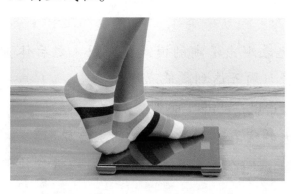

　　这项联合多所医学院校所做的研究发现，除了个别人以外，多数人体重的增加会从周六开始，而体重减轻则会从周二开始，特别是对于那些体重减轻者和体重保持者来说更是如此。它表明人们的体重变化在一周内会显示出一种明显的规律，工作日和周末体重的临时变化

12. 称	chēng	v. to weigh
13. 可靠	kěkào	adj. reliable, dependable
*14. 纳入	nàrù	v. to include, to incorporate into
15. 分析	fēnxī	v. to analyze
16. 志愿者	zhìyuànzhě	n. volunteer
*17. 跟踪	gēnzōng	v. to follow, to track
18. 成果	chéngguǒ	n. result, achievement
*19. 清晰	qīngxī	adj. clear, distinct
20. 即	jí	v./adv. to be; namely
21. 升	shēng	v. to rise, to go up
22. 达到	dá dào	v. to reach, to attain
23. 意外	yìwài	adj./n. unexpected; accident
24. 存在	cúnzài	v. to exist
25. 明显	míngxiǎn	adj. obvious, apparent
*26. 补偿	bǔcháng	v. to compensate
27. 立即	lìjí	adv. immediately, at once
28. 趋势	qūshì	n. trend, tendency
29. 差异	chāyì	n. difference
30. 联合	liánhé	v./adj. to unite, to ally; joint, combined
31. 个别	gèbié	adv./adj. one or two; exceptional
32. 表明	biǎomíng	v. to indicate, to manifest
33. 临时	línshí	adv./adj. for a short time; temporary

应该被视为正常现象，而非真正的体重增加，这是由于人们在周末会有更多的时间外出就餐。周末对饮食稍微有些放纵影响不大，但为了能成功减轻体重，想要变苗条的节食者应注意到这种变化规律，周末之后不要再找任何吃美食的借口，应及时采取措施阻止这一上升趋势。

———

改编自《北京青年报》，作者：臧恒佳

34. 现象	xiànxiàng	n. phenomenon
35. 非	fēi	v. to be not
*36. 就餐	jiùcān	v. to have one's meal
*37. 放纵	fàngzòng	v. to indulge, to be unrestrained
38. 苗条	miáotiao	adj. slim, slender
39. 借口	jièkǒu	n./v. excuse, pretext; to use as an excuse
40. 采取	cǎiqǔ	v. to take, to adopt
41. 措施	cuòshī	n. measure, step

注释（一）词语例释
Notes **1** 即

"即"，动词，书面语，意思是"就是"。例如：

（1）"旦"是象形字，即太阳从地平线上升起。

（2）这些人的体重变化表现出清晰的模式，即周末之后体重升高，在工作日体重减轻（周五达到最低点）。

"即"，还可以做副词，意思是"就""便"。例如：

（3）不懂即问是他最大的优点，也是他成功的主要原因。

（4）在办公司这件事上，两人早都有打算，这次的机会让他俩一拍即合。

● **练一练**：用所学词语改写句子

（1）他可聪明了，什么东西一学就会。

他可聪明了，_____。（即）

（2）汉字"字"代表上下四方，意思是所有的空间。

汉字"字"代表上下四方，_____。（即）

（3）在鸟爸爸、鸟妈妈的精心照顾下，小鸟30~35天便可独立生活。

在鸟爸爸、鸟妈妈的精心照顾下，_____。（即）

2 个别

"个别"，形容词，意思是"单个、各个"。例如：

（1）他经常采取个别谈话的方式了解情况和解决问题。

（2）教练针对他的技术特点进行了个别训练，达到了比较好的效果。

"个别"还表示极少数、少有。例如：

（3）……除了个别人以外，多数人体重的增加会从周六开始，……

（4）天气预报说今晚有小到中雨，个别地区可能有大雨。

● **练一练**：完成句子或对话

（1）旅行团里有几个小朋友，＿＿＿＿＿＿＿＿＿＿＿。（个别）

（2）A: 装修用的材料都准备好了吗？

　　B: ＿＿＿＿＿＿＿＿＿＿＿。（个别）

（3）A: 看课文时你有没有遇到不懂的地方或不认识的汉字？

　　B: ＿＿＿＿＿＿＿＿＿＿＿。（个别）

3 非

"非"，前缀，用在名词性成分前，表示不属于这一范围。例如：

（1）在非语言的交流中，眼睛起着重要的作用。

（2）我们公司的技术部门都是专业人员，工资高；非专业人员做服务工作，工资不高。

"非"，可以做动词，意思是"不是"。例如：

（3）……工作日和周末体重的临时变化应该被视为正常现象，而非真正的体重增加，……

（4）成功有时候并非想象中那么难。

"非"做副词时还表示主观上故意坚持、偏要做某事。有时，还可用于反问，表示否定这么做的必要。"非"也可以跟动词结合，形成常用格式"非+动词+不可"，意思是"必须"。例如：

（5）他非要离婚，我们谁拦也拦不住。

（6）我本不想提这件事，你又何必非要我说出来呢？

（7）有些家长已经习惯了这种竞争，非让自家的孩子考第一名不可。

（8）补办学生证的事非你本人去不可。

● 练—练：用所学词语改写句子

（1）门口的牌子上写着：不是工作人员请勿入内。

门口的牌子上写着：＿＿＿＿＿＿＿＿＿＿＿＿＿＿＿＿。　（非）

（2）世界上并不是只有人类才会骗人，动物也会。

＿＿＿＿＿＿＿＿＿＿＿＿＿＿＿＿＿，动物也会。　（非）

（3）听说你住院了，他一定要来看看你。

＿＿＿＿＿＿＿＿＿＿＿＿＿＿＿＿＿。　（非……不可）

（二）词语搭配

动词	+	宾语
达到		水平/程度/规模/目的/要求
分析		情况/问题/心理/原因/语法/病句
定语	+	中心语
意外的		礼物/消息/机会/结果/发现
可靠的		朋友/质量/材料/报道/消息/结论
战争的/上升的/好的/健康的		趋势
自然/表面/怪/不良/个别（的）		现象
状语	+	中心语
主动/充分/直接/清楚地		表明
部分/共同/正式/积极		参与

（三）词语辨析

■■ 临时—暂时

	临时	暂时
共同点	都有"短时间内"的意思。	
	如：没找到满意的房子前，我临时/暂时借住在朋友家里。	

	临时	暂时
不同点	1. 表示"临到事情发生的时候"。 如：早到了30分钟，所以我临时决定去旁边的书店看看。	1. 没有这个意思。
	2. 没有这个意思。	2. 表示不确指的较近的一段时间。 如：这套房子我很喜欢，暂时还不打算卖掉。
	3. 还可以做属性词，表示短期的、非正式的。 如：麻烦你春节后帮刘方的女儿找份临时工作。	3. 没有这种用法。

● **做一做**：选词填空

	临时	暂时
（1）我们租下了一所房子作为_____的家。	✓	✗
（2）演出结束，我想_____休息一段时间，考虑一下明年的工作。		
（3）公司遇到一些_____的困难，我们正在积极想办法。		
（4）这件事你_____先不要告诉他。		

练习 1 选择合适的词语填空

Exercises

总共　　借口　　达到　　采取　　可靠　　参与

❶ 教师要让学生主动_____班集体管理，锻炼他们的能力。

❷ 许多人喜爱喝茶，几乎_____不可一日无茶的程度。

❸ 听声音判断水瓶是否保温的方法并不_____。

❹ 您好，您_____消费了747元。您刷卡还是付现金？

❺ 他_____家里有事，提前离开了会场。

❻ 我们虽然还不能准确预报地震，但可以_____有效措施，最大限度地保护我们的财产。

2 选择正确答案

❶ 研究发现，父亲对教育子女的＿＿＿程度越高，孩子就越聪明。

（A.参与　　B.参加）

❷ 调查结果显示，市民对电子阅读的兴趣＿＿＿提高了。

（A.明显　　B.清楚）

❸ 我本来想完成这个计划以后再去美国，＿＿＿现在那边有更重要的事，不得不提前去。

（A.成果　　B.结果）

❹ 关于空气质量问题，现在报纸、网络上相关的＿＿＿特别多，大家讨论得也很热闹。

（A.报道　　B.报名）

3 画线连接可以搭配的词语

（1）			（2）	
达到	措施		下降的	报道
报道	原因		可靠的	成果
采取	目的		重大的	现象
分析	新闻		表面的	趋势

4 根据下面的提示词复述课文内容

内容提示	重点词语	课文复述
医学专家的新发现	营养、饮食、体重、波动	
体重减轻者的波动情况	周末、工作日、立即、下降、临时、非、趋势	
体重保持者的波动情况	周末、工作日、临时、非、规律、变化	
体重增加者的波动情况	周末、工作日、上升、趋势、采取、措施	

扩展
Expansion

话题	HSK（五级）话题分类词语
医务1	挂号（guà hào）、急诊（jízhěn）、救护车（jiùhùchē）、内科（nèikē）、过敏（guòmǐn）、打喷嚏（dǎ pēntì）、着凉（zháo liáng）、吐（tù）、痒（yǎng）、消化（xiāohuà）

● **做一做**：从上表中选择合适的词语填空

（1）你是不是着凉了？怎么一直在_____？

（2）一到春天开花的时候，我的鼻子就_____。

（3）我身上也不知道被什么咬了，特别_____。

（4）当初人们发明乒乓球是为了饭后做些运动帮助_____食物的。

运用
Application

背景分析：

　　爱美之心，人人有之，年轻的女性朋友就更不必说了。在她们看来，苗条的身材（shēncái，stature, figure）是青春（qīngchūn，youth）活力的象征（xiàngzhēng，symbol, sign），可以使她们对生活充满自信。现代医学研究也证明，肥胖确实是健康的杀手。这似乎又给出了更好的理由让人们积极地投入到减肥这一行动中。

　　无论是出于爱美还是健康，减肥的目的就是将体重减轻到你认为的理想状态。不过，有些人不支持甚至反对节食的做法。在他们看来，节食会危害健康，同时还会在停止节食后带来体重反弹等更多的烦恼。

话题讨论：你认为节食是减肥的好方法吗？为什么？

1.你有过节食减肥的经历吗？结果满意吗？

2.对于节食减肥失败的原因，你有什么分析或经验？

3.如果要节食，你建议应该怎么做？

命题写作：

　　请以"我支持（或反对）节食减肥的做法"为题写一段话。尽量用上本课所学的生词，字数不少于100字。

17 在最美好的时刻离开
Ending at the Best Moment

请看下面的图片，试着找出本课生词中跟它们有关的词语。

生词：戏剧 _____ _____

2 在你小时候，长辈们说过什么让你印象最深刻的话？请给老师和同学们讲一讲。

课文
Text

在最美好的时刻离开 （644字） 🔲 17-1

　　我奶奶说过："人们应该在最美好的时候离开。"因为这个认知而获得诺贝尔奖的，不是我奶奶，而是心理学家丹尼尔·卡内曼。他将这一现象命名为"峰终定律"：我们对事物的记忆仅在高峰和结尾，而事情的经过对记忆几乎没有影响。高峰之后，终点出现得越迅速，这件事留给我们的印象就越深刻。

　　大部分人不理解这一定律。比如说为了一场戏剧演出，我们会投入很多时间，准备服装、化妆、道具、

生词 🔲 17-2

1. 事物　shìwù　n. thing, object
*2. 高峰　gāofēng　n. peak, summit
*3. 终点　zhōngdiǎn　n. end, destination
4. 迅速　xùnsù　adj. quick, rapid
5. 深刻　shēnkè　adj. deep, profound
6. 戏剧　xìjù　n. drama, play
7. 投入　tóurù
　　　v./n./adj. to put into,
　　　to spend on; input; devoted
8. 服装　fúzhuāng　n. clothing, costume
*9. 化妆　huà zhuāng
　　　v. to put on make-up
*10. 道具　dàojù　n. stage property, prop

舞台美术，以创造良好的效果，争取给观众留下一个好的印象，却常常忽视结束退场时的准备。演出开始时人们认为很有魅力，但是糟糕的结局会给人留下难以忘记的坏印象。

有一次，我去参加一个婚礼，前三个小时感觉都很好，只在最后一个小时感到无聊。三个小时快乐减一个小时无聊等于两个小时快乐，也就是说，我愉快地度过了两个小时。但是，我的记忆并不是这样计算的。如果我参加另外一次活动，只在那里待一个小时，早早地告别，我却享受了满满60分钟的快乐。与第一次相比，第二次的聚会留给我的印象更为美好。

看电影也是如此。一部电影，开始虽然剧情平平常常，如果最后半个小时能使我们感动，我们依然会向别人推荐它。相反，如果在前半个小时就把剧情的创造力表现得淋漓尽致，结尾却非常普通，那么，观众对这部电影的评价就肯定不好，甚至会说这是一部"烂片"。

11.	美术	měishù	n. fine art
12.	以	yǐ	conj. in order to, so as to
13.	良好	liánghǎo	adj. good, fine
14.	争取	zhēngqǔ	v. to strive for, to endeavor to
15.	忽视	hūshì	v. to ignore, to overlook
16.	魅力	mèilì	n. charm
17.	糟糕	zāogāo	adj. bad, awful
18.	婚礼	hūnlǐ	n. wedding
19.	等于	děngyú	v. to be equal to
20.	度过	dùguò	v. to pass, to spend
21.	告别	gàobié	v. to say goodbye
22.	平常	píngcháng	adj./n. common, ordinary; mediocrity
23.	依然	yīrán	adv. still, nonetheless
24.	推荐	tuījiàn	v. to recommend
*25.	淋漓尽致	línlí-jìnzhì	fully, thoroughly
26.	评价	píngjià	v./n. to evaluate; evaluation, comment
27.	烂	làn	adj. bad, lame

作为电视节目主持人，我在工作中常常会运用"峰终定律"。例如，做节目时，与开幕式相比，我们宁可把更多的精力集中在闭幕式上，这样可以加强观众对节目的印象。虽然很多人并不了解"峰终定律"，但是，他们能从经验中体会这种做法的重要性。

———————

改编自《广州日报》，作者：埃卡特·冯·希施豪森，陈晓川译

28. 主持	zhǔchí	v./n. to host, to preside over; host/hostess
29. 运用	yùnyòng	v. to put into practice, to apply
30. 开幕式	kāimùshì	n. opening ceremony
31. 宁可	nìngkě	adv. would rather
32. 集中	jízhōng	v./adj. to concentrate, to focus; concentrated
33. 体会	tǐhuì	v./n. to learn from experience, to realize; feeling

专有名词

1. 诺贝尔奖	Nuòbèi'ěr Jiǎng	Nobel Prize
2. 丹尼尔·卡内曼	Dānní'ěr Kǎnèimàn	Daniel Kahneman
3. 峰终定律	Fēngzhōng Dìnglǜ	Peak-End Rule

注释（一）词语例释
Notes **1** 以

"以"，介词，常用于书面语，意思是"用、拿、凭借"。例如：

（1）同年4月，（微信）以英文名WeChat正式进入国际市场。

（2）……学生分为甲乙两队，以足球为比赛工具向篮内投，按得分多少决定输赢。

"以"，也可以做连词，常用于书面语，表示目的。例如：

（3）虽然我们已经老了，但还要坚持学习，以适应社会的发展。

（4）比如说为了一场戏剧演出，我们会投入很多时间，准备服装、化妆、道具、舞台美术，以创造良好的效果，……

● **练一练**：完成句子或对话

（1）A: 你知道济南的泉水是怎么命名的吗？

B: _____。（以—介词）

（2）这一个月来，我天天训练，＿＿＿＿＿＿＿＿＿＿＿＿。 （以－连词）

（3）虽然他不回信，但我还是坚持给他写，＿＿＿＿＿＿＿＿＿＿＿

＿＿＿＿＿＿＿＿＿＿＿＿＿＿＿＿＿＿＿＿＿＿＿。 （以－连词）

2 平常

"平常"，形容词，表示普通的，没什么特别的。例如：

（1）对小王来说，今天是一个不平常的日子，因为他今天第一天
上班。

（2）一部电影，开始虽然剧情平平常常，如果最后半个小时能使我
们感动，我们依然会向别人推荐它。

"平常"，也可以做名词，意思是"平时"。例如：

（3）他平常总是来得很早，今天却迟到了。

（4）校长又告诉老师们，对待这些孩子，要像平常一样，不要让孩
子或家长知道他们是被选出来的。

● 练－练：完成句子或对话

（1）A: 你觉得这本书怎么样？

B: ＿＿＿＿＿＿＿＿＿＿＿＿＿＿＿＿＿＿＿。 （平常－形容词）

（2）＿＿＿＿＿＿＿＿＿＿，考试前就不用这么紧张了。 （平常－名词）

（3）A: ＿＿＿＿＿＿＿＿＿＿＿＿＿＿＿＿＿。 （平常－名词）

B: 我一般都是自己做饭吃。

3 宁可

"宁可"，副词，表示经过比较以后，选择相对有利的一方。例如：

（1）作为母亲，她宁可自己累一点儿，也不想委屈了孩子。

（2）为什么大家宁可挤（jǐ, to crowd）成一团，也不去没人的那边？

（3）……做节目时，与开幕式相比，我们宁可把更多的精力集中在
闭幕式上，……

● 练－练：完成句子或对话

（1）我宁可花钱去餐厅吃，＿＿＿＿＿＿＿＿＿＿＿＿＿＿＿＿。

（2）为了把这篇文章写好，＿＿＿＿＿＿＿＿＿＿＿＿＿。 （宁可）

（3）A: 这次旅行，你觉得我们是坐飞机去好还是坐火车去好？

B: ＿＿＿＿＿＿＿＿＿＿＿＿＿＿＿＿＿＿。 （宁可）

（二）词语搭配

动词	+	宾语
争取		时间/机会/胜利/项目/考好/准时到/提前结束
主持		会议/工作/项目
定语	+	中心语
深刻的		印象/记忆/道理
烂		苹果/衣服/片
状语	+	中心语
迅速（地）		提高/产生/出现/采取措施/做出反应
正确/灵活/成功/科学/广泛（地）		运用
中心语	+	补语
集中		在……/到……/起来
体会		到……/出……/一下

（三）词语辨析

■■ 忽视—轻视

	忽视	轻视
共同点	都表示不注意、不重视，在有些句子里可以换用，但强调的意思不同。	
	如：他只注重理论，忽视/轻视实践 (shíjiàn, practice)，所以失败了。	
不同点	1.强调没有考虑到。	1.强调看不起。
	如：他忙得忽视了去医院看病。	如：你可别轻视他，他看起来很平常，其实很能干。
	2.态度上可能是无意的，也可能是有意的。	2.态度上一般是有意的或有选择性的。
	如：我们常常忽视结束退场时的准备，演出开始时人们认为很有魅力，但是糟糕的结局会给人留下难以忘记的坏印象。	如：虽然这是一次小考，你也不能轻视，要好好复习。

● 做一做：选词填空

	忽视	轻视
（1）以前我们_____了教育问题，现在要赶上去。	✓	×
（2）我们过多地看电视、玩手机，_____了家人之间的交流。		
（3）虽然这是一份平常的工作，你也不能_____，要认真做好。		
（4）你不要因为他是小孩子就_____他。		

练习
Exercises

1 选择合适的词语填空

度过　集中　体会　推荐　运用　争取

① 我刚开始学滑雪的时候，最大的_____就是要放松，越紧张越容易摔倒（shuāidǎo，to fall down）。

② 学知识不能死记硬背，要懂得灵活地_____。

③ 你复习时要_____注意力，效果才会好。

④ 一些现代营养学专家常常向大家_____"餐餐有蔬菜，每天有水果"。

⑤ 我在外公外婆身边_____了美好的童年。

⑥ 机会要靠自己去_____。

2 选择正确答案

① 大家要迅速地熟悉新产品，_____更好地向顾客推广。(A. 用　　B. 以)

② 这次旅行给我留下了_____的印象。　　(A. 深　　B. 深刻)

③ 这部电影很_____，我觉得没必要去看。　(A. 平常　B. 平时)

④ 他被_____为本校今年的十大"优秀毕业生"之一。(A. 评价　B. 评)

3 给括号里的词选择适当的位置

① 事情A发生后，领导B采取了C措施，D积极应对。　　　　　（迅速）

② A三加五B是C八D吗？　　　　　　　　　　　　　　　　（等于）

③ 十几年A过去了，B她C那么D美丽。　　　　　　　　　　（依然）

④ A我B多C花点儿钱，D也要买一个质量好点儿的。　　　　（宁可）

4 根据下面的提示词复述课文内容

内容提示	重点词语	课文复述
峰终定律	事物、迅速、深刻	
准备演出	戏剧、以、争取、忽视、糟糕	
参加活动	婚礼、等于、度过、告别	
看电影	平常、依然、评价	
做节目	主持、运用、宁可、体会	

扩展
Expansion

话题	HSK（五级）话题分类词语
医务2	诊断（zhěnduàn）、手术（shǒushù）、血（xiě/xuè）、肌肉（jīròu）、骨头（gǔtou）、胃（wèi）、心脏（xīnzàng）、病毒（bìngdú）、传染（chuánrǎn）、寿命（shòumìng）

● **做一做**：从上表中选择合适的词语填空

（1）医生还在为他_____病情，请耐心地等待。

（2）我的电脑速度越来越慢了，是不是中了_____？

（3）这是一种新型的_____病，可能会在人和动物之间传播（chuánbō, to spread）。

（4）海龟（hǎiguī, sea turtle）的_____最长可达150多年，是动物中当之无愧的老寿星。

运用
Application

背景分析：

汉语中的"婚礼"这个词原来是"昏礼"，"昏"是"黄昏（huánghūn，dusk, nightfall）、傍晚"的意思。因为古人认为在傍晚举行婚礼，可以使婚姻美满（měimǎn, perfectly satisfactory）、家庭幸福。

参加婚礼是为了给新人的爱情做见证（jiànzhèng，witness），同时送上你对新人的祝福和希望。婚礼是一个喜庆的活动，美食和娱乐自然也少不了，有人喜欢参加，也有人有自己的看法。本课课文的作者说他参加过一个婚礼，前三个小时感觉都很好，最后一个小时感到无聊。你参加过婚礼吗？你觉得有没有意思？

话题讨论：**婚礼**

1. 你了解过或参加过中国人的婚礼吗？印象深刻的地方是什么？

2. 你们国家的婚礼和中国人的婚礼有哪些不同？

3. 你觉得什么样的婚礼能给人留下难忘的美好记忆？

命题写作：

请以"婚礼"为题，谈一谈你参加过的婚礼，或你们国家婚礼的特点，比较一下和中国婚礼有什么相同和不同之处。尽量用上本课所学的生词，字数不少于100字。

抽象艺术美不美
Abstract Art: Beautiful or Not?

请看下面的图片，说一说哪一幅是抽象艺术的作品，哪一幅是古典艺术的作品。你对它们有什么评价？

2 你最喜欢你们国家的哪位著名艺术家？他/她有什么代表作品？请给老师和同学们讲一讲。

课文
Text

抽象艺术美不美 （634字） 18-1

　　对有些人来说，抽象艺术没有古典艺术那么容易欣赏，画布上那些不规则的色块、线条，实在看不出有什么意义。抽象派画家的作品中经常见到好像随便洒上颜料而形成的

生词 18-2

1. 抽象　chōuxiàng
　　adj./v. abstract; to draw a correct conclusion from objective facts

2. 古典　gǔdiǎn　adj. classical

3. 欣赏　xīnshǎng　v. to enjoy, to admire

4. 布　bù　n. cloth

5. 规则　guīzé　adj./n. regular; rule

6. 派　pài
　　n. faction, school, group of people sharing identical ideas, style or tastes

7. 作品　zuòpǐn
　　n. work (of art or literature)

8. 洒　sǎ　v. to sprinkle, to spray

画作，在有人看来极其神秘甚至丑陋，有人却从中感受到对自由、对生命的赞美。

研究者设计了一个有趣的实验。志愿者的任务很简单，每个人会看到两两一组出现的一些图画，每组中一幅出自著名抽象艺术家之手，另一幅是业余爱好者、婴儿、黑猩猩或者大象的涂鸦。志愿者必须判断每一组画作中自己更喜欢哪一幅。

其中三分之一的画作作者没有签名，而其余的则标明了身份。令人头疼的是，一些签名被故意弄错了，志愿者无法确认作者到底是谁，所以有可能志愿者认为自己看到的是黑猩猩的随手涂鸦，实际则是著名抽象艺术家的大作。

也许有人认为，在这种情况下根本不可能分辨出来。然而在每一次测试中，志愿者普遍更喜欢的作品都是由人类艺术家挥笔完成的。由此可见，志愿者能够从画作中感知艺术家的用心，哪怕他们不能够解释原因。

另一个实验是这样，志愿者同时欣赏原作和画面元素被调整后的画作，包括静物画和抽象画。结果，几乎每个人都更喜欢原作。研究者发

9. 极其　jíqí　adv. extremely

10. 神秘　shénmì
adj. mystical, mysterious

11. 丑（陋）　chǒu(lòu)　adj. ugly

12. 自由　zìyóu　n./adj. freedom; free

13. 设计　shèjì　v./n. to design; design

14. 组　zǔ　n./m. group, team, set

15. 幅　fú
m. used for paintings and scrolls, etc.

16. 出自　chūzì
v. to come from, to stem from

17. 业余　yèyú　adj. amateur

*18. 婴儿　yīng'ér　n. infant, baby

*19. 黑猩猩　hēixīngxing　n. chimpanzee

*20. 涂鸦　túyā　v. to scrawl

21. 签　qiān　v. to sign, to autograph

22. 其余　qíyú　pron. the rest, the others

23. 身份　shēnfèn　n. identity

24. 确认　quèrèn
v. to confirm, to affirm

25. 随手　suíshǒu
adv. randomly, without extra trouble

*26. 分辨　fēnbiàn
v. to distinguish, to differentiate

27. 挥　huī　v. to wave, to wield

28. 可见　kějiàn
conj. it can be seen that…

29. 哪怕　nǎpà　conj. even if

*30. 元素　yuánsù　n. element

31. 调整　tiáozhěng
v./n. to adjust, to revise; adjustment

现，当看到画上物体位置变化后，大脑中有关含意和解释的区域活跃性下降了。这表明，我们的大脑注意到了原作的布局，并且可以感知其背后的用意，即使我们还没有清楚地感受到这个事实。至少目前可以这么说，没有证据表明黑猩猩或儿童可以这样做。

我们的大脑究竟如何感知抽象艺术，是一个有趣的话题。每个人对抽象艺术可以有不同的解读，这既是挑战，也是自由。

改编自《科学画报》，作者：周静嫣

32. 位置	wèizhì	n. position, location
33. 含意	hányì	n. implied meaning, implication
34. 区域	qūyù	n. region, district
35. 活跃	huóyuè	adj./v. active, dynamic; to activate
36. 布局	bùjú	n. composition (of a piece of art or writing)
37. 事实	shìshí	n. fact
38. 目前	mùqián	n. now, present
39. 证据	zhèngjù	n. proof, evidence
40. 话题	huàtí	n. topic

*33、*34、*36 有星号标记

注释（一）词语例释
Notes 1 极其

"极其"，副词，意思是"非常"，多用于书面语，只能修饰双音节或多音节形容词。例如：

（1）在中国，餐桌上放一把刀是极其少见的现象。

（2）每天说"太糟糕了""太讨厌了""真倒霉（dǎoméi, unlucky）"的人，遇到的困难也格外多，运气（yùnqì, luck, fortune）也显得极其糟糕。

（3）抽象派画家的作品中经常见到好像随便洒上颜料而形成的画作，在有人看来极其神秘甚至丑陋，……

● 练一练：完成句子或对话

（1）这个项目是我们用了三年时间才谈下来的，＿＿＿＿＿＿

＿＿＿＿＿＿＿＿＿＿＿＿＿＿＿。（极其）

（2）＿＿＿＿＿＿＿＿＿＿＿＿，谁也不说话。（极其）

（3）A: 你知道孔子吗？

　　B: ＿＿＿＿＿＿＿＿＿＿＿＿＿＿＿。（极其）

2 其余

"其余"，代词，表示剩下的、另外的部分。例如：

（1）怎么只有你们两个人？其余的同学呢？

（2）只有一个房间亮着灯，其余窗户都是黑的。

（3）其中三分之一的画作作者没有签名，而其余的则标明了身份。

● 练一练：完成句子或对话

（1）A: 这些行李怎么拿？

  B: _____。 （其余）

（2）A: 你看过哪些中国的传统体育表演？

  B: _____。 （其余）

（3）你们几个负责新产品的宣传，_____。 （其余）

3 可见

"可见"，连词，常用格式为"……，（由此）可见……"，表示可以根据上文所说的情况做出判断。例如：

（1）他已经住院好几天了，一直诊断不出是什么问题，可见情况不太好。

（2）汉语中有个成语叫"自知之明"，把"自知"称为"明"，可见"自知"是一种智慧。

（3）由此可见，志愿者能够从画作中感知艺术家的用心，哪怕他们不能够解释原因。

● 练一练：完成句子或对话

（1）连这么简单的题你都不会，_____。 （可见）

（2）A: 你觉得周末的活动他会参加吗？

  B: _____。 （可见）

（3）A: _____。 （可见）

  B: 是啊，我也觉得他很孝敬父母。

（二）词语搭配

动词	+	宾语
调整		时间/价格/计划/结构/市场
活跃		气氛/市场/经济
定语	**+**	**中心语**
古典		文学/小说/戏剧/音乐
交通/比赛（的）/游戏（的）		规则
设计		图/作品/方案
业余		时间/爱好/水平/合唱团
数量词	**+**	**名词**
一组		学生/照片/服装/工具
一幅		画儿/作品

（三）词语辨析

■ 目前—现在

	目前	现在
共同点	都是时间名词，指说话的这个时候，常可换用。	
共同点	如：至少目前/现在可以这么说，没有证据表明黑猩猩或儿童可以这样做。	
不同点	1.一般侧重指从之前到现在为止的某段时间。	1.可以侧重指某个时间段，也可以指某个时间点，还可以强调与以前的对比。
不同点	如：到目前为止，事情还没有变化。	如：我现在就去。
不同点	2.不可与具体时间词连用。	2.可与具体时间词连用。
不同点		如：现在是北京时间上午十点钟。

● 做一做：选词填空

	目前	现在
（1）我们很着急，你＿＿＿能过来一趟吗？	×	✓
（2）选择性失忆＿＿＿还无法治疗。		
（3）调查显示，66.9%的女性对＿＿＿的工作不满意。		
（4）＿＿＿的年轻人，跟我们那时候真不一样！		

练习 1 选择合适的词语填空
Exercises

幅　规则　活跃　调整　业余　证据

① 书房的墙上挂着一＿＿＿静物画。

② 因为销售情况不太好，我们正准备＿＿＿产品价格。

③ 这块布上只有一些不＿＿＿的色块，我看不出来画的是什么。

④ 我们只是一支＿＿＿的乐队，不够专业水平。

⑤ 每次晚会他都是主持人，要靠他来＿＿＿气氛。

⑥ 如果没有可靠的＿＿＿，你就不能这么说。

2 选择正确答案

① 那个人长得＿＿＿丑。　　　　　　　　　　　　　　　（A. 非常　B. 极其）

② 这次展出的一＿＿＿服装是由七＿＿＿戏服组成的。（A. 组　　B. 套）

③ 可能出门时我＿＿＿把钥匙放在门口的桌子上了。（A. 随便　B. 随手）

④ 我认为你们其实忽略了一个十分重要的＿＿＿。（A. 事实　B. 实际）

3 给括号里的词选择适当的位置

① 我 A 对这个人 B 欣赏，我 C 认为他 D 很有才华。　　　　　　（极其）

② A 这是我 B 新 C 的作品，请您过目 D。　　　　　　　　　　　（设计）

③ 我只认识 A 这 B 两个字，C 都不认识 D。　　　　　　　　　　（其余）

④ A 熬夜 B，我 C 今天 D 也得把这个计划做完。　　　　　　　　（哪怕）

4 根据下面的提示词复述课文内容

内容提示	重点词语	课文复述
开头	欣赏、规则、作品、极其、自由	
第一个实验	设计、组、幅、业余、其余、确认、可见	
第二个实验	调整、位置、表明、目前	
总结	话题、挑战	

扩展
Expansion

话题	HSK（五级）话题分类词语
影视艺术	导演（dǎoyǎn）、角色（juésè）、明星（míngxīng）、动画片（dònghuàpiàn）、娱乐（yúlè）、录音（lù yīn）、麦克风（màikèfēng）、频道（píndào）、字幕（zìmù）、乐器（yuèqì）、美术（měishù）

● **做一做**：从上表中选择合适的词语填空

（1）在_____设备发明之前，没有人注意到你的声音在自己听来和别人听来是不一样的。

（2）主持人，你胸前的_____歪了，请调整一下。

（3）这个连续剧最近好几个_____都在放，你看了没有？

（4）除了钢琴，我没有学过别的_____。

运用
Application

背景分析：

　　艺术是人类共同的爱好，它可以打破国家和语言的界限（jièxiàn, limits, bounds），把人们联系在一起。艺术形式不是单一的，它包括很多不同的类型，如音乐、舞蹈（wǔdǎo, dance）、美术、摄影、戏剧、影视甚至建筑等。每个国家都有自己独特的艺术形式，每个人也可能喜欢不同的艺术类型。很多外国留学生对中国的京剧、水墨画、剪纸等传统艺术产生了浓厚（nónghòu, keen）的兴趣。你在生活中喜欢哪些艺术形式呢？

话题讨论：**艺术形式**

　1.文章中说"每个人对抽象艺术可以有不同的解读"，你同意这种说法吗？

　2.你对哪些艺术形式感兴趣？

　3.请介绍一种你最喜欢的艺术，并说说喜欢的理由或你对它的看法。

命题写作：

　　请以"我喜爱的艺术"为题，谈一谈你感兴趣的艺术形式。尽量用上本课所学的生词，字数不少于100字。

词语总表 Vocabulary

词性对照表　Abbreviations of Parts of Speech

词性 Part of Speech	英文简称 Abbreviation	词性 Part of Speech	英文简称 Abbreviation
名词	n.	副词	adv.
动词	v.	介词	prep.
形容词	adj.	连词	conj.
代词	pron.	助词	part.
数词	num.	叹词	int.
量词	m.	拟声词	onom.
数量词	num.-m.	前缀	pref.
能愿动词	mod.	后缀	suf.

生词 New Words

词语 Word/Phrase	拼音 *Pinyin*	词性 Part of Speech	词义 Meaning	课号 Lesson
A				
哎	āi	int.	*used to express surprise or dissatisfaction*	7
唉	ài	int.	*sighing sound indicating sadness or regret*	7
爱护	àihù	v.	to take good care of	1
安慰	ānwèi	v.	to comfort, to console	8
安装	ānzhuāng	v.	to install, to fix	13
暗暗	àn'àn	adv.	secretly, to oneself	1
熬夜	áo yè	v.	to stay up late	6
B				
摆	bǎi	v.	to put, to place, to set in order	7
半夜	bànyè	n.	midnight	1
傍晚	bàngwǎn	n.	towards evening, at dusk	3
包括	bāokuò	v.	to include	3
宝贝	bǎobèi	n.	baby	12
宝贵	bǎoguì	adj.	precious, valuable	15
保存	bǎocún	v.	to keep, to save	9

报道	bàodào	v./n.	to report, to cover; report	16
抱怨	bàoyuàn	v.	to complain	1
背	bēi	v.	to carry on the back	4
背景	bèijǐng	n.	background	12
被子	bèizi	n.	quilt	2
本领	běnlǐng	n.	ability, capability	4
彼此	bǐcǐ	n.	each other	8
必要	bìyào	adj.	necessary, essential	11
毕竟	bìjìng	adv.	after all, in the final analysis	10
避免	bìmiǎn	v.	to prevent, to avoid	11
鞭炮	biānpào	n.	firecrackers	6
便	biàn	adv.	*used to indicate that sth. comes naturally under certain conditions or circumstances*	7
辩论	biànlùn	v.	to debate	10
表达	biǎodá	v.	to express, to voice	6
表面	biǎomiàn	n.	surface	5
表明	biǎomíng	v.	to indicate, to manifest	16
表情	biǎoqíng	n.	(facial) expression	8
表现	biǎoxiàn	v./n.	to show, to display; manifestation	9
播放	bōfàng	v.	to broadcast, to play (music or videos)	10
脖子	bózi	n.	neck	10
不耐烦	bú nàifán		impatient	1
不要紧	bú yàojǐn		it doesn't matter	7
不得了	bùdéliǎo	adj.	extremely, exceedingly	2
不行	bùxíng	v.	*(indicating degree, intensity, etc.)* terribly, extremely	4
不足	bùzú	adj./v.	insufficient; to be less than	8
布	bù	n.	cloth	18

C

财产	cáichǎn	n.	property, fortune	8
采取	cǎiqǔ	v.	to take, to adopt	16
采用	cǎiyòng	v.	to use, to employ	11
彩虹	cǎihóng	n.	rainbow	3
踩	cǎi	v.	to step on, to tread on	13
参与	cānyù	v.	to take part in	16
惭愧	cánkuì	adj.	ashamed	4

（躲）藏	(duǒ)cáng	v.	to hide	5
操场	cāochǎng	n.	sports ground, playground	10
曾经	céngjīng	adv.	once, in the past	9
差距	chājù	n.	gap, difference	10
差异	chāyì	n.	difference	16
插	chā	v.	to insert, to stick in	10
产品	chǎnpǐn	n.	product, produce	11
产生	chǎnshēng	v.	to emerge, to arise	5
长途	chángtú	adj.	long-distance	2
吵	chǎo	v./adj.	to make a noise; noisy	1
吵架	chǎo jià	v.	to quarrel	1
称	chēng	v.	to call, to give sb. a particular name	7
称	chēng	v.	to weigh	16
成果	chéngguǒ	n.	result, achievement	16
成就	chéngjiù	n.	achievement, accomplishment	4
成熟	chéngshú	v./adj.	to ripen; mature	10
成语	chéngyǔ	n.	idiom, set phrase	7
诚恳	chéngkěn	adj.	sincere, earnest	4
程度	chéngdù	n.	degree, level	12
吃亏	chī kuī	v.	to suffer losses	8
迟早	chízǎo	adv.	sooner or later	15
持续	chíxù	v.	to continue, to last	11
冲	chōng	v.	to rush, to dash	5
充分	chōngfèn	adj.	ample, sufficient	14
充满	chōngmǎn	v.	to be full of	5
重复	chóngfù	v.	to repeat	13
宠物	chǒngwù	n.	pet	8
抽象	chōuxiàng	adj./v.	abstract; to draw a correct conclusion from objective facts	18
丑（陋）	chǒu(lòu)	adj.	ugly	18
出自	chūzì	v.	to come from, to stem from	18
除	chú	v.	to get rid of, to remove	6
除夕	chúxī	n.	eve of the Lunar New Year/Spring Festival	6
传说	chuánshuō	n.	legend	5
传统	chuántǒng	n./adj.	tradition; traditional	11
窗帘	chuānglián	n.	curtain	11

创造	chuàngzào	v.	to create, to produce	14
词汇	cíhuì	n.	vocabulary	8
辞职	cí zhí	v.	to quit a job	3
此外	cǐwài	conj.	in addition, moreover	6
从而	cóng'ér	conj.	thus, consequently	5
从前	cóngqián	n.	before, in the past	4
催	cuī	v.	to urge, to push	1
存在	cúnzài	v.	to exist	16
措施	cuòshī	n.	measure, step	16
D				
达到	dá dào	v.	to reach, to attain	16
打工	dǎ gōng	v.	to work for others, to do a temporary job	2
打交道	dǎ jiāodào		to make contact with	14
打听	dǎting	v.	to inquire about	4
大方	dàfang	adj.	generous	9
呆	dāi	adj./v.	dull, dumb; to stagnate	13
代表	dàibiǎo	n./v.	typical case; to represent	14
待遇	dàiyù	n.	pay and perks	3
胆小鬼	dǎnxiǎoguǐ	n.	coward	15
当地	dāngdì	n.	local, in the locality	12
挡	dǎng	v.	to block, to get in the way of	5
导演	dǎoyǎn	n./v.	director (of a show or movie); to direct	10
导致	dǎozhì	v.	to cause, to lead to	11
倒	dào	adv.	*indicating being contrary to what is expected or thought*	8
道理	dàolǐ	n.	principle, theory	15
等待	děngdài	v.	to wait	1
等于	děngyú	v.	to be equal to	17
低落	dīluò	adj.	down, depressed	11
敌（人）	dí (rén)	n.	enemy	15
地道	dìdao	adj.	true, genuine	9
地区	dìqū	n.	area, region	5
地位	dìwèi	n.	position, status	12
递	dì	v.	to hand over, to pass	1
点心	diǎnxin	n.	dessert, dim sum	9
电台	diàntái	n.	radio station	1

钓	diào	v.	to fish with a hook and line	3
顶	dǐng	v.	to go against, to move towards	4
冻	dòng	v.	to freeze, to feel very cold	2
洞	dòng	n.	hole	10
逗	dòu	v.	to amuse, to tease	12
独立	dúlì	v.	to be on one's own	15
独特	dútè	adj.	unique, distinctive	5
度过	dùguò	v.	to pass, to spend	17
断	duàn	v.	to cut off, to stop	2
断断续续	duànduàn-xùxù	adj.	off and on, intermittent	13
对比	duìbǐ	v.	to compare, to contrast	1
对方	duìfāng	n.	the other side, the other party	8
蹲	dūn	v.	to squat, to crouch	7
顿	dùn	m.	*used for meals*	3
多亏	duōkuī	v.	luckily, thank to	13

F

发愁	fā chóu	v.	to worry	3
发达	fādá	adj.	developed, advanced	12
反而	fǎn'ér	adv.	on the contrary, instead	4
反应	fǎnyìng	n./v.	response; to react	7
反映	fǎnyìng	v.	to reflect, to mirror	5
方	fāng	adj.	square	14
方案	fāng'àn	n.	plan, scheme	15
方式	fāngshì	n.	way, method	8
仿佛	fǎngfú	adv./v.	as if; to be like, to be similar to	13
非	fēi	v.	to be not	16
分别	fēnbié	adv.	respectively, separately	7
分布	fēnbù	v.	to be distributed (over an area), to be scattered	5
分析	fēnxī	v.	to analyze	16
纷纷	fēnfēn	adv./adj.	one after another; all at once	6
风俗	fēngsú	n.	custom, convention	6
疯	fēng	v.	to be crazy, to go mad	3
讽刺	fěngcì	v.	to satirize	15
扶	fú	v.	to support with one's hand	4
服装	fúzhuāng	n.	clothing, costume	17

幅	fú	m.	*used for paintings and scrolls, etc.*	18
		G		
改进	gǎijìn	v.	to improve, to ameliorate	10
赶紧	gǎnjǐn	adv.	immediately, at once	6
感激	gǎnjī	v.	to feel grateful	5
感受	gǎnshòu	v./n.	to feel; feeling	2
干活儿	gàn huór	v.	to work	3
高档	gāodàng	adj.	high-grade, top-notch	9
高级	gāojí	adj.	senior, high-ranking	12
告别	gàobié	v.	to say goodbye	17
格外	géwài	adv.	especially, extraordinarily	8
个别	gèbié	adv./adj.	one or two; exceptional	16
个人	gèrén	n.	individual	12
各自	gèzì	pron.	each, respective	3
根	gēn	m./n.	root, foundation; *a measure word for long and thin objects*	7
工程师	gōngchéngshī	n.	engineer	13
工具	gōngjù	n.	tool, instrument	13
工人	gōngrén	n.	worker	3
公元	gōngyuán	n.	Christian era	15
功能	gōngnéng	n.	function	14
姑姑	gūgu	n.	aunt, father's sister	2
姑娘	gūniang	n.	girl	6
古代	gǔdài	n.	ancient times	4
古典	gǔdiǎn	adj.	classical	18
骨（头）	gǔ (tou)	n.	bone	6
固定	gùdìng	adj./v.	fixed, settled; to fix	8
关闭	guānbì	v.	to close, to shut	14
官	guān	n.	government official	4
光临	guānglín	v.	to visit, to frequent	9
光线	guāngxiàn	n.	light, ray	11
广大	guǎngdà	adj.	vast, extensive	5
广泛	guǎngfàn	adj.	wide, extensive	14
规律	guīlù	n./adj.	law, regular pattern; regular	11
规则	guīzé	adj./n.	regular; rule	18
锅	guō	n.	pot, pan	6

果然	guǒrán	adv.	as expected, really	6
果实	guǒshí	n.	fruit	8
H				
哈	hā	onom./int.	*sound of laughter; indicating complacency or satisfaction*	8
海鲜	hǎixiān	n.	seafood	3
喊	hǎn	v.	to shout, to call	1
豪华	háohuá	adj.	luxurious, lavish	9
好客	hàokè	v.	to be hospitable	9
好奇	hàoqí	adj.	curious	13
合作	hézuò	v.	to cooperate, to work together	12
何必	hébì	adv.	*(indicating that there is no need for sth.)* why	13
何况	hékuàng	conj.	let alone	13
恨	hèn	v.	to hate	6
猴子	hóuzi	n.	monkey	8
后背	hòubèi	n.	back (of the human body)	4
呼朋唤友	hūpéng huànyǒu		to invite friends, to have friends gather together	9
呼吸	hūxī	v.	to breathe	11
忽然	hūrán	adv.	suddenly	7
忽视	hūshì	v.	to ignore, to overlook	17
胡说	húshuō	v.	to talk nonsense	7
胡同	hútòng	n.	alley, lane	9
壶	hú	n.	pot, kettle	5
糊涂	hútu	adj.	muddleheaded	15
华裔	huáyì	n.	foreign citizen of Chinese origin	12
滑	huá	adj./v.	slippery; to slip, to slide	4
话题	huàtí	n.	topic	18
慌（张）	huāng(zhāng)	adj.	flurried, flustered	11
灰尘	huīchén	n.	dust, dirt	2
挥	huī	v.	to wave, to wield	18
婚礼	hūnlǐ	n.	wedding	17
婚姻	hūnyīn	n.	marriage	1
活跃	huóyuè	adj./v.	active, dynamic; to activate	18
伙伴	huǒbàn	n.	partner	12
或许	huòxǔ	adv.	maybe, perhaps	10

			J		
击	jī	v.	to hit, to strike	3
机器	jīqì	n.	machine	13
激烈	jīliè	adj.	intense, fierce	13
极其	jíqí	adv.	extremely	18
即	jí	v./adv.	to be; namely	16
集中	jízhōng	v./adj.	to concentrate, to focus; concentrated	17
计算	jìsuàn	v.	to calculate, to compute	11
记忆	jìyì	v./n.	to remember; memory	11
纪念	jìniàn	v.	to commemorate	10
系	jì	v.	to tie, to fasten	10
家庭	jiātíng	n.	family	8
甲	jiǎ	n.	first	13
驾驶	jiàshǐ	v.	to drive, to pilot	3
坚决	jiānjué	adj.	resolute, determined	2
肩膀	jiānbǎng	n.	shoulder	1
艰苦	jiānkǔ	adj.	arduous, difficult, tough	10
建筑	jiànzhù	n.	building, architecture	14
讲究	jiǎngjiu	v./adj.	to be particular about, to stress; exquisite	9
交际	jiāojì	n.	social contact, communication	9
角度	jiǎodù	n.	angle, degree of angle	5
结实	jiēshi	adj.	strong, sturdy	4
接待	jiēdài	v.	to receive (sb.), to entertain	14
节省	jiéshěng	v.	to save, to economize	8
节食	jiéshí	v.	to go on a diet	16
结构	jiégòu	n.	structure	8
结论	jiélùn	n.	conclusion	7
戒	jiè	v.	to give up, to quit	9
借口	jièkǒu	n./v.	excuse, pretext; to use as an excuse	16
金属	jīnshǔ	n.	metal	7
尽（力）	jìn(lì)	v.	to try one's best	7
近代	jìndài	n.	modern times (referring to the period between mid-19th century and 1919 in Chinese history)	9
经营	jīngyíng	v.	to manage, to run	12
精神	jīngshén/jīngshen	n./adj.	spirit, vigor; lively, vigorous	11

救	jiù	v.	to save, to rescue	5
舅舅	jiùjiu	n.	uncle, mother's brother	2
居然	jūrán	adv.	*indicating unexpectedness*	1
具备	jùbèi	v.	to have, to possess	14
决心	juéxīn	n./v.	determination; to make up one's mind	4
绝对	juéduì	adv./adj.	absolutely, definitely; absolute	15
军事	jūnshì	n.	military affairs	15
K				
开发	kāifā	v.	to develop, to exploit	12
开幕式	kāimùshì	n.	opening ceremony	17
靠	kào	v.	to lean against	1
颗	kē	m.	*used for things small and roundish*	8
可见	kějiàn	conj.	it can be seen that…	18
可靠	kěkào	adj.	reliable, dependable	16
空间	kōngjiān	n.	space	14
L				
啦	la	part.	*combination of the sounds of "了 (le)" and "啊 (a)", expressing exclamation, interrogation, etc.*	10
拦	lán	v.	to block, to hold back	10
烂	làn	adj.	bad, lame	17
劳动	láodòng	n./v.	work, labor; to work, to do physical labor	14
老百姓	lǎobǎixìng	n.	ordinary people, civilians	5
老婆	lǎopo	n.	wife	1
老实	lǎoshi	adj.	honest, frank	4
姥姥	lǎolao	n.	maternal grandma	2
雷	léi	n.	thunder	3
类型	lèixíng	n.	type, category	16
离婚	lí hūn	v.	to divorce	1
理论	lǐlùn	n.	theory	15
立即	lìjí	adv.	immediately, at once	16
立刻	lìkè	adv.	at once, immediately	2
连忙	liánmáng	adv.	promptly, at once	13
连续	liánxù	v.	to be continuous, to be in succession	7
联合	liánhé	v./adj.	to unite, to ally; joint, combined	16
良好	liánghǎo	adj.	good, fine	17
粮食	liángshi	n.	grain, cereal, food	8

亮	liàng	adj./v.	bright; to shine	2
临	lín	prep.	about to, just before	2
临时	línshí	adv./adj.	for a short time; temporary	16
灵活	línghuó	adj.	flexible, elastic	15
铃	líng	n.	bell	11
领导	lǐngdǎo	n.	leader	12
令	lìng	v.	to make, to cause	14
流传	liúchuán	v.	to spread, to hand down	4
流泪	liú lèi	v.	to shed tears	2
龙	lóng	n.	dragon	5
漏	lòu	v.	(of a container) to leak	3
陆地	lùdì	n.	land	3
轮	lún	v.	to take turns	1
轮流	lúnliú	v.	to take turns	3
M				
骂	mà	v.	to curse, to call names	15
馒头	mántou	n.	steamed bun	8
满足	mǎnzú	v.	to be satisfied	4
毛病	máobing	n.	shortcoming, weakness	15
矛盾	máodùn	n./adj.	conflict; conflicting	14
美术	měishù	n.	fine art	17
魅力	mèilì	n.	charm	17
苗条	miáotiao	adj.	slim, slender	16
描写	miáoxiě	v.	to describe, to depict	5
明明	míngmíng	adv.	evidently, undoubtedly	9
明显	míngxiǎn	adj.	obvious, apparent	16
明星	míngxīng	n.	star, celebrity	12
命令	mìnglìng	v./n.	to command; order	15
摸	mō	v.	to touch, to feel, to stroke	7
模仿	mófǎng	v.	to imitate, to model on	11
目前	mùqián	n.	now, present	18
N				
哪怕	nǎpà	conj.	even if	18
脑袋	nǎodai	n.	head	1
闹钟	nàozhōng	n.	alarm clock	11

宁可	nìngkě	adv.	would rather	17
农村	nóngcūn	n.	countryside	2
农民	nóngmín	n.	farmer, peasant	4
浓	nóng	adj.	strong, deep	14
女士	nǚshì	n.	lady, madam	1
P				
拍	pāi	v.	to take (a photo), to shoot (a video)	10
派	pài	v.	to send, to assign, to appoint	15
派	pài	n.	faction, school, group of people sharing identical ideas, style or tastes	18
盼望	pànwàng	v.	to look forward to	3
盆（子）	pén(zi)	n.	basin, tub	6
碰	pèng	v.	to meet, to come across	5
匹	pǐ	m.	*used for horses*	10
片面	piànmiàn	adj.	one-sided	7
飘	piāo	v.	to float (in the air), to waft	2
平	píng	adj.	flat, level	7
平常	píngcháng	adj./n.	common, ordinary; mediocrity	17
平静	píngjìng	adj.	quiet, peaceful	3
平均	píngjūn	adj.	average	9
评价	píngjià	v./n.	to evaluate; evaluation, comment	17
Q				
其余	qíyú	pron.	the rest, the others	18
奇迹	qíjì	n.	miracle, wonder	10
企业	qǐyè	n.	enterprise, company	12
启发	qǐfā	v.	to enlighten, to inspire	13
气氛	qìfēn	n.	atmosphere	13
签	qiān	v.	to sign, to autograph	18
浅	qiǎn	adj.	shallow, light	11
强烈	qiángliè	adj.	strong and vehement	2
墙	qiáng	n.	wall	7
抢	qiǎng	v.	to rob, to snatch	5
悄悄	qiāoqiāo	adv.	quietly, secretly	2
瞧	qiáo	v.	to look, to see	13
亲切	qīnqiè	adj.	warm, cordial, affectionate	14
亲自	qīnzì	adv.	personally, in person	9

勤奋	qínfèn	adj.	diligent	4
轻视	qīngshì	v.	to look down upon, to belittle	15
情景	qíngjǐng	n.	scene, sight	8
情绪	qíngxù	n.	emotion, mood	11
请求	qǐngqiú	v./n.	to request, to ask; request	10
球迷	qiúmí	n.	ball game fan	13
趋势	qūshì	n.	trend, tendency	16
去世	qùshì	v.	to die, to pass away	4
缺乏	quēfá	v.	to lack, to be short of	13
确定	quèdìng	v.	to confirm, to make sure	7
确认	quèrèn	v.	to confirm, to affirm	18
群	qún	m.	group, herd, flock	8

		R		
人才	réncái	n.	talented person	4
人类	rénlèi	n.	humankind	11
人民	rénmín	n.	people	14
人生	rénshēng	n.	life	3
人员	rényuán	n.	personnel, staff	16
日常	rìcháng	adj.	day-to-day, daily	14
日子	rìzi	n.	life, livelihood	14
如何	rúhé	pron.	how	1
如今	rújīn	n.	nowadays, present	5
弱	ruò	adj.	weak	15

		S		
洒	sǎ	v.	to sprinkle, to spray	18
杀	shā	v.	to kill	6
晒	shài	v.	to dry in the sun	2
闪电	shǎndiàn	n.	lightning	3
扇子	shànzi	n.	fan	7
善良	shànliáng	adj.	kind-hearted	5
善于	shànyú	v.	to be good at	7
伤害	shānghài	v.	to hurt, to harm	6
上当	shàng dàng	v.	to be taken in, to be deceived	15
设计	shèjì	v./n.	to design; design	18
射（击）	shè (jī)	v.	to shoot	6

摄影师	shèyǐngshī	n.	photographer	10
伸	shēn	v.	to stretch, to extend	1
身份	shēnfèn	n.	identity	18
深刻	shēnkè	adj.	deep, profound	17
神秘	shénmì	adj.	mystical, mysterious	18
升	shēng	v.	to rise, to go up	16
绳子	shéngzi	n.	rope	7
胜利	shènglì	v.	to win a victory	15
失眠	shīmián	v.	to suffer from insomnia	11
诗	shī	n.	poem	5
石头	shítou	n.	stone, rock	7
时代	shídài	n.	era, age, epoch	3
时刻	shíkè	n.	moment	3
时期	shíqī	n.	period, stage	4
时尚	shíshàng	n.	fashion	9
实现	shíxiàn	v.	to realize, to achieve	12
实验	shíyàn	v./n.	to make an experiment; experiment	11
食物	shíwù	n.	food	4
始终	shǐzhōng	adv.	from the beginning to the end, all along	10
士兵	shìbīng	n.	soldier	7
市场	shìchǎng	n.	market	11
似的	shìde	part.	(*indicating similarity*) like, as	6
事实	shìshí	n.	fact	18
事物	shìwù	n.	thing, object	17
手指	shǒuzhǐ	n.	finger	1
守岁	shǒusuì	v.	to stay up late or all night on New Year's Eve	6
首	shǒu	n.	head, first	9
舒适	shūshì	adj.	comfortable, cozy	3
蔬菜	shūcài	n.	vegetable	8
数	shù	num.	several	11
甩	shuǎi	v.	to throw off, to swing	4
说不定	shuōbudìng	adv.	perhaps, possibly, it's likely that…	6
说服	shuōfú	v.	to persuade, to convince	10
似乎	sìhū	adv.	it seems that…, seemingly	8
算	suàn	v.	to regard as, to count as	9

随时	suíshí	adv.	at any time	3
随手	suíshǒu	adv.	randomly, without extra trouble	18
碎	suì	v./adj.	to break into pieces; broken, fragmentary	7
所	suǒ	part.	*used before a verb followed by a noun which is the receiver of the action*	11
所谓	suǒwèi	adj.	so-called	14
锁	suǒ	n./v.	lock; to lock up	2
T				
台阶	táijiē	n.	flight of steps	3
太太	tàitai	n.	wife	3
逃	táo	v.	to escape	6
桃	táo	n.	peach	13
淘气	táoqì	adj.	naughty, mischievous	8
套	tào	m.	set, suite	2
体会	tǐhuì	v./n.	to learn from experience, to realize; feeling	17
（代）替	(dài)tì	prep.	for, on behalf of	6
天真	tiānzhēn	adj.	naïve, innocent	6
调皮	tiáopí	adj.	naughty, mischievous	8
调整	tiáozhěng	v./n.	to adjust, to revise; adjustment	18
挑战	tiǎozhàn	v./n.	to challenge, to battle; challenge	15
通常	tōngcháng	adv.	usually	14
投篮	tóu lán	v.	to shoot (a basket)	13
投入	tóurù	v./n./adj.	to put into, to spend on; input; devoted	17
突出	tūchū	adj.	prominent, salient	9
推广	tuīguǎng	v.	to popularize, to spread	12
推荐	tuījiàn	v.	to recommend	17
W				
外公	wàigōng	n.	maternal grandfather	6
完整	wánzhěng	adj.	complete	8
危害	wēihài	v.	to harm, to jeopardize	11
微笑	wēixiào	v./n.	to smile; smile	2
为	wéi	v.	to become	5
为	wéi	prep.	*(often. used together with "所") by (sb.)*	14
围绕	wéirào	v.	to center around	10
尾巴	wěiba	n.	tail	7
委屈	wěiqu	v./adj.	to do (sb.) wrong; feeling wronged	4

未来	wèilái	n.	future	3
位于	wèiyú	v.	to be located at (in, on, etc.)	9
位置	wèizhì	n.	position, location	18
胃	wèi	n.	stomach	9
胃口	wèikǒu	n.	appetite	9
温暖	wēnnuǎn	adj./v.	warm; to make sb./sth. warm	2
文学家	wénxuéjiā	n.	writer, man of letters	9
文字	wénzì	n.	written language	5
稳定	wěndìng	adj.	stable	3
卧室	wòshì	n.	bedroom	2
屋（子）	wū(zi)	n.	house	2
无奈	wúnài	v.	to have no way out, to be helpless	6
勿	wù	adv.	(used in imperative sentences) don't	3
物质	wùzhì	n.	material	4
X				
戏剧	xìjù	n.	drama, play	17
细节	xìjié	n.	detail	1
瞎	xiā	v./adv.	to be blind; blindly, foolishly	7
吓	xià	v.	to frighten, to scare	6
显得	xiǎnde	v.	to seem, to appear	8
显示	xiǎnshì	v.	to show, to display	10
县	xiàn	n.	county	2
现代	xiàndài	n./adj.	modern times; modern	11
现实	xiànshí	n.	reality	12
现象	xiànxiàng	n.	phenomenon	16
限制	xiànzhì	v.	to limit, to restrict	8
相处	xiāngchǔ	v.	to get along (with one another)	8
相当	xiāngdāng	v.	to be equal to	11
相对	xiāngduì	adj.	relative, comparative	16
相关	xiāngguān	v.	to correlate, to be relevant	12
享受	xiǎngshòu	v.	to enjoy	11
想象	xiǎngxiàng	v.	to imagine	2
项	xiàng	m.	used for itemized things	1
项目	xiàngmù	n.	item, project	13
（大）象	(dà) xiàng	n.	elephant	7

消费	xiāofèi	v.	to consume	8
销售	xiāoshòu	v.	to sell, to market	12
孝顺	xiàoshùn	v./adj.	to show filial piety; obedient and respectful to one's parents	4
斜	xié	adj.	oblique, slanting	5
写作	xiězuò	v.	to write	9
心理	xīnlǐ	n.	mentality, psychology	11
欣赏	xīnshǎng	v.	to enjoy, to admire	18
行为	xíngwéi	n.	behavior	8
形成	xíngchéng	v.	to form, to take shape	5
形容	xíngróng	v.	to describe, to depict	9
形式	xíngshì	n.	form, mode	14
形势	xíngshì	n.	situation, state of affairs	15
形象	xíngxiàng	adj.	vivid	9
形状	xíngzhuàng	n.	shape	5
兄弟	xiōngdì	n.	brother	10
叙述	xùshù	v.	to narrate	1
宣传	xuānchuán	v.	to publicize, to promote	12
学问	xuéwen	n.	knowledge, learning	9
寻找	xúnzhǎo	v.	to look for, to seek	7
询问	xúnwèn	v.	to ask, to inquire	6
训练	xùnliàn	v.	to train	13
迅速	xùnsù	adj.	quick, rapid	17
Y				
牙齿	yáchǐ	n.	tooth	7
样式	yàngshì	n.	style, pattern	14
摇	yáo	v.	to wave, to shake	7
咬	yǎo	v.	to bite	6
要不	yàobu	conj.	otherwise, or else	8
业务	yèwù	n.	professional work, business	12
业余	yèyú	adj.	amateur	18
夜	yè	n.	night	2
依然	yīrán	adv.	still, nonetheless	17
一辈子	yíbèizi	n.	all one's life	2
一再	yízài	adv.	over and over again	13

移动	yídòng	v.	to move	12
移民	yímín	n.	immigrant	12
乙	yǐ	n.	second	13
以	yǐ	conj.	in order to, so as to	17
以及	yǐjí	conj.	and also, as well	12
以来	yǐlái	n.	since	2
亿	yì	num.	hundred million	5
意外	yìwài	adj./n.	unexpected; accident	16
意义	yìyì	n.	meaning, significance	6
因而	yīn'ér	conj.	therefore, thus	14
银（子）	yín (zi)	n.	silver	4
英俊	yīngjùn	adj.	handsome	6
英雄	yīngxióng	n.	hero	6
营养	yíngyǎng	n.	nutrition	16
影子	yǐngzi	n.	shadow	6
应用	yìngyòng	v.	to apply	12
硬	yìng	adj.	hard, tough	7
拥抱	yōngbào	v.	to hug, to embrace	3
用途	yòngtú	n.	use, purpose	11
优美	yōuměi	adj.	graceful, beautiful	5
悠久	yōujiǔ	adj.	long-standing, age-old	5
幼儿园	yòu'éryuán	n.	kindergarten	13
于	yú	prep.	from, out of	5
愿望	yuànwàng	n.	wish, hope	11
晕	yūn	v.	to faint, to pass out	5
运用	yùnyòng	v.	to put into practice, to apply	17
Z				
灾害	zāihài	n.	disaster, calamity	6
再三	zàisān	adv.	again and again	15
赞美	zànměi	v.	to praise, to extol	5
糟糕	zāogāo	adj.	bad, awful	17
造成	zàochéng	v.	to cause, to give rise to	13
则	zé	m.	(*used for news or writings*) piece	7
则	zé	conj.	(*indicating contrast*) while	14
占	zhàn	v.	to occupy, to take, to hold, to make up	4

战争	zhànzhēng	n.	war	4
长辈	zhǎngbèi	n.	senior member of a family	14
招待	zhāodài	v.	to receive, to entertain	9
着火	zháo huǒ	v.	to catch fire	3
召开	zhàokāi	v.	to hold (a meeting), to convene	12
针对	zhēnduì	v.	to be targeted at	12
阵	zhèn	m.	*used for a short period or spell of an occurrence or action*	2
争论	zhēnglùn	v.	to argue, to dispute	10
争取	zhēngqǔ	v.	to strive for, to endeavor to	17
整个	zhěnggè	adj.	whole, entire	6
整体	zhěngtǐ	n.	whole, entirety	8
证据	zhèngjù	n.	proof, evidence	18
挣	zhèng	v.	to earn	2
支	zhī	m.	*used for long, thin, inflexible objects*	7
至今	zhìjīn	adv.	up to now	4
志愿者	zhìyuànzhě	n.	volunteer	16
制造	zhìzào	v.	to make, to produce	6
治（疗）	zhì (liáo)	v.	to treat, to cure	5
智慧	zhìhuì	n.	wisdom	7
中心	zhōngxīn	n.	center	12
重大	zhòngdà	adj.	great, significant	10
猪	zhū	n.	pig	8
竹子	zhúzi	n.	bamboo	14
逐渐	zhújiàn	adv.	gradually	10
主持	zhǔchí	v./n.	to host, to preside over; host/hostess	17
主动	zhǔdòng	adj.	on one's own initiative	15
主人	zhǔrén	n.	master, owner	4
注册	zhùcè	v.	to register	12
专家	zhuānjiā	n.	expert	11
装	zhuāng	v.	to load, to hold	13
装修	zhuāngxiū	v.	to decorate (a house, room, etc.)	2
状态	zhuàngtài	n.	state, status	11
撞	zhuàng	v.	to bump against	3
追	zhuī	v.	to chase, to go after	6

姿势	zīshì	n.	pose, posture	7
资格	zīgé	n.	qualification	15
资料	zīliào	n.	data, material	9
自杀	zìshā	v.	to commit suicide	1
自由	zìyóu	n./adj.	freedom; free	18
综合	zōnghé	v./adj.	to synthesize, to summarize; comprehensive, integrated	8
总裁	zǒngcái	n.	president (of a company)	12
总共	zǒnggòng	adv.	altogether, in total	16
阻止	zǔzhǐ	v.	to stop, to prevent	15
组	zǔ	n./m.	group, team, set	18
组成	zǔchéng	v.	to form, to constitute	14
组合	zǔhé	v./n.	to combine; combination	14
醉	zuì	v.	to be drunk	2
作品	zuòpǐn	n.	work (of art or literature)	18
作为	zuòwéi	v./prep.	to be; as, being	9
作战	zuòzhàn	v.	to fight a battle	15

专有名词 Proper Nouns

词语 Word/Phrase	拼音 *Pinyin*	词义 Meaning	课号 Lesson
A			
澳大利亚	Àodàlìyà	Australia	3
B			
趵突泉	Bàotū Quán	Baotuquan, name of a spring	5
鲍全	Bào Quán	Bao Quan, name of a person	5
C			
菜市口	Càishìkǒu	Caishikou, a place in Beijing	9
楚国	Chǔguó	Kingdom of Chu	4
春秋	Chūnqiū	Spring and Autumn Period (770 B.C.—476 B.C.)	4
D			
丹尼尔·卡内曼	Dānní'ěr Kǎnèimàn	Daniel Kahneman	17
稻香村	Dàoxiāngcūn	Daoxiangcun Bakery	9
东海龙王	Dōnghǎi Lóngwáng	Dragon King of the East Sea	5
F			
峰终定律	Fēngzhōng Dìnglǜ	Peak-End Rule	17
G			
广和居	Guǎnghéjū	Guangheju Restaurant	9
H			
华北	Huáběi	north China	14
J			
济南	Jǐ'nán	Ji'nan, capital of Shandong Province	5
加利福尼亚州	Jiālìfúníyà Zhōu	California	10
K			
科恩	Kē'ēn	Cohen, a surname	10
孔子	Kǒngzǐ	Confucius, an ancient Chinese thinker and educator	4
L			
李广	Lǐ Guǎng	Li Guang (?—119 B.C.), a famous general	7
廉颇	Lián Pō	Lian Po, a famous general	15
刘炽平	Liú Chìpíng	Liu Chiping, president of Tencent	12
卢米埃尔	Lúmǐ'āi'ěr	Lumière, a French surname	10
鲁迅	Lǔ Xùn	Lu Xun (1881—1936), a famous Chinese writer	9
M			
马萨诸塞州	Mǎsàzhūsài Zhōu	Massachusetts	13
麦布里奇	Màibùlǐqí	Eadweard Muybridge	10
梅西	Méixī	Lionel Messi, a famous football player	12

	N		
《呐喊》	Nàhǎn	*Call to Arms*, one of Lu Xun's short story collections	9
诺贝尔奖	Nuòbèi'ěr Jiǎng	Nobel Prize	17
	P		
《彷徨》	Pánghuáng	*Wandering*, one of Lu Xun's short story collections	9
	Q		
七郎	Qīláng	Qilang, name of a man	6
秦国	Qínguó	State of Qin	15
	S		
舜	Shùn	Shun, a legendary leader of ancient China	5
斯坦福	Sītǎnfú	Leland Stanford	10
	T		
腾讯	Téngxùn	Tencent, a Chinese company	12
	W		
微信	Wēixìn	WeChat, a messaging and calling app	12
	X		
夕	Xī	Xi, name of a monster	6
西汉	Xīhàn	Western Han Dynasty (206 B.C.—25 A.D.)	7
新西兰	Xīnxīlán	New Zealand	3
	Y		
扬雄	Yáng Xióng	Yang Xiong (53 B.C.—18 A.D.), a scholar	7
郁达夫	Yù Dáfū	Yu Dafu (1896—1945), a famous Chinese writer	9
	Z		
翟峰	Zhái Fēng	Zhai Feng, name of a person	3
詹姆士·奈史密斯	Zhānmǔshì Nàishǐmìsī	James Naismith	13
战国	Zhànguó	Warring States Period (475 B.C.—221 B.C.)	15
张小龙	Zhāng Xiǎolóng	Zhang Xiaolong, senior vice president of Tencent	12
赵国	Zhàoguó	State of Zhao	15
赵括	Zhào Kuò	Zhao Kuo, son of Zhao She	15
赵奢	Zhào Shē	Zhao She, a famous general	15
子路	Zǐlù	Zilu, a disciple of Confucius	4

超纲词 Words Not Included in the Syllabus

词语 Word/Phrase	拼音 *Pinyin*	词性 Part of Speech	词义 Meaning	课号 Lesson	级别 Level
B					
奔跑	bēnpǎo	v.	to run, to gallop	10	——
并列	bìngliè	v.	to stand side by side	14	六级
波动	bōdòng	v.	to undulate, to rise and fall	16	——
补偿	bǔcháng	v.	to compensate	16	六级
布局	bùjú	n.	composition (of a piece of art or writing)	18	六级
C					
称霸	chēngbà	v.	to dominate, to maintain hegemony	12	——
串	chuàn	m.	bunch, string	2	六级
创新	chuàngxīn	v.	to create sth. new, to innovate	12	六级
D					
打猎	dǎ liè	v.	to go hunting	7	六级
代言	dàiyán	v.	to speak on behalf of, to star in a commercial	12	——
道具	dàojù	n.	stage property, prop	17	——
地势	dìshì	n.	terrain, topography	5	六级
颠球	diān qiú		to juggle a soccer ball	12	——
调（动）	diào (dòng)	v.	to transfer, to shift	15	六级
叮	dīng	v.	to bite, to sting	1	——
E					
恩爱	ēn'ài	adj.	(of husband and wife) loving	1	——
二手	èrshǒu	adj.	second-hand	3	——
F					
帆船	fānchuán	n.	sailing boat/ship	3	——
放纵	fàngzòng	v.	to indulge, to be unrestrained	16	——
分辨	fēnbiàn	v.	to distinguish, to differentiate	18	六级
封闭	fēngbì	v.	to close, to seal	14	六级
副	fù	adj.	deputy, vice	12	六级
覆盖	fùgài	v.	to cover	12	六级
G					
杆	gān	n.	pole, shaft	7	——
高峰	gāofēng	n.	peak, summit	17	六级
跟踪	gēnzōng	v.	to follow, to track	16	六级

怪物	guàiwù	n.	monster	6	——
棍	gùn	n.	stick, cudgel	10	——
国君	guójūn	n.	king	4	——
过渡	guòdù	v.	to transit	11	六级
H					
海里	hǎilǐ	m.	sea mile	3	——
含意	hányì	n.	implied meaning, implication	18	——
行家	hángjia	n.	expert	9	——
航行	hángxíng	v.	to sail, to navigate by air or water	3	六级
黑猩猩	hēixīngxing	n.	chimpanzee	18	——
化妆	huà zhuāng	v.	to put on make-up	17	六级
患难与共	huànnàn-yǔgòng		to share weal and woe	1	
火成岩	huǒchéngyán	n.	igneous rock	5	——
J					
机制	jīzhì	n.	mechanism	11	
积蓄	jīxù	n./v.	savings; to save	3	
记载	jìzǎi	v.	to record, to put down in writing	5	六级
见解	jiànjiě	n.	understanding, opinion	9	六级
箭	jiàn	n.	arrow	6	——
将军	jiāngjūn	n.	(military rank) general	7	六级
金鱼	jīnyú	n.	goldfish	14	——
进攻	jìngōng	v.	to attack, to assault	15	六级
精诚所至，金石为开	jīngchéng suǒzhì, jīnshí wéikāi		absolute sincerity can affect even metal and stone—no difficulty is insurmountable if one sets his/her mind on it	7	——
就餐	jiùcān	v.	to have one's meal	16	——
锯（子）	jù(zi)	n./v.	to cut with a saw; saw	13	
军队	jūnduì	n.	army	15	六级
K					
筐	kuāng	n.	basket	13	六级
困扰	kùnrǎo	v.	to trouble, to haunt	13	——
L					
栏杆	lángān	n.	railing, balustrade	13	
淋漓尽致	línlí-jìnzhì		fully, thoroughly	17	
M					
埋	mái	v.	to bury	5	——

盲目	mángmù	adj.	blind, ignorant	15	六级
盲人	mángrén	n.	blind person	7	——
美德	měidé	n.	virtue, goodness	4	——
蒙眬	ménglóng	adj.	drowsy, half asleep	9	——
民居	mínjū	n.	civilian dwelling	14	——
模式	móshì	n.	model, pattern	16	六级
N					
纳入	nàrù	v.	to include, to incorporate into	16	——
农历	nónglì	n.	lunar calendar	6	六级
P					
评委	píngwěi	n.	judge, member of a judging panel	1	——
扑	pū	v.	to pounce on, to dash at	2	六级
铺	pū	v.	to spread, to unfold	2	六级
Q					
起居	qǐjū	v.	daily life	14	——
青蛙	qīngwā	n.	frog	10	——
清晰	qīngxī	adj.	clear, distinct	16	六级
清醒	qīngxǐng	adj./v.	sober; to regain consciousness	11	六级
情趣	qíngqù	n.	emotional appeal, interest	14	——
区域	qūyù	n.	region, district	18	六级
全神贯注	quánshén-guànzhù		to concentrate on, to be absorbed in	7	——
R					
任命	rènmìng	v.	to appoint	15	六级
柔和	róuhé	adj.	gentle, soft	11	六级
入围	rùwéi	v.	to be shortlisted	1	——
S					
散布	sànbù	v.	to spread, to disseminate	15	六级
摄入	shèrù	v.	to take in, to ingest	16	——
肾上腺素	shènshàngxiànsù	n.	adrenaline	11	——
生物	shēngwù	n.	living things	11	六级
生物钟	shēngwùzhōng	n.	biological clock	11	——
石灰岩	shíhuīyán	n.	limestone	5	——
试验	shìyàn	n./v.	trial, test; to make a trial	10	六级
手笔	shǒubǐ	n.	style (of handing affairs)	12	——
守	shǒu	v.	to guard, to defend	15	——
顺畅	shùnchàng	adj.	smooth, unhindered	13	——

瞬间	shùnjiān	n.	a short period of time	10	六级
思维	sīwéi	n./v.	thinking; to think	13	六级
四合院	sìhéyuàn	n.	quadrangle courtyard	14	——
艘	sōu	m.	*used for boats/ships*	3	六级
T					
瘫痪	tānhuàn	v.	to be paralyzed	1	六级
蹄（子）	tí (zi)	n.	hoof	10	——
天然	tiānrán	adj.	natural	5	——
通信	tōngxìn	v.	to communicate	12	六级
涂鸦	túyā	v.	to scrawl	18	——
团圆	tuányuán	v.	to be reunited	4	六级
W					
歪歪扭扭	wāiwāiniǔniǔ	adj.	crooked, askew	1	——
喂养	wèiyǎng	v.	to feed, to raise	8	——
蚊子	wénzi	n.	mosquito	1	——
X					
相敬如宾	xiāngjìng-rúbīn		(of husband and wife) to respect each other like guests	1	——
厢房	xiāngfáng	n.	wing, wing room	14	——
橡子	xiàngzi	n.	acorn	8	——
孝敬	xiàojìng	v.	to show filial respect for	4	——
新陈代谢	xīnchén-dàixiè		metabolism	11	六级
血压	xuèyā	n.	blood pressure	11	六级
Y					
岩石	yánshí	n.	rock	5	六级
谣言	yáoyán	n.	rumor	15	六级
意识	yìshi	n./v.	consciousness; to be aware of, to realize	10	六级
婴儿	yīng'ér	n.	infant, baby	18	六级
用户	yònghù	n.	user	12	六级
悠悠	yōuyōu	adj.	leisurely, unhurried	9	——
由来	yóulái	n.	origin, source	6	——
玉	yù	n.	jade	5	六级
寓言	yùyán	n.	fable	8	——
元素	yuánsù	n.	element	18	六级

Z					
朝三暮四	zhāosān-mùsì		to give three in the morning and four in the evening—to play fast and loose, to chop and change	8	——
哲学家	zhéxuéjiā	n.	philosopher	8	——
珍珠	zhēnzhū	n.	pearl	5	六级
阵地	zhèndì	n.	position, front	15	六级
镇	zhèn	n.	town	4	——
直播	zhíbō	v.	to make a live broadcast	12	六级
纸上谈兵	zhǐshàng-tánbīng		to be an armchair strategist	15	——
终点	zhōngdiǎn	n.	end, destination	17	六级
种	zhòng	v.	to plant, to grow	14	——
走廊	zǒuláng	n.	corridor, passageway	14	六级
阻碍	zǔ'ài	v.	to hinder, to impede	13	六级